PAOLA SANTAGOSTINO

UN NIÑO
SEGURO
de sí mismo

Cómo reforzar la autoestima de tu hijo

EDICIONES OBELISCO

Si este libro le ha interesado y desea que le mantengamos informado de nuestras
publicaciones, escríbanos indicándonos qué temas son de su interés
(Astrología, Autoayuda, Psicología, Artes Marciales, Naturismo,
Espiritualidad, Tradición…) y gustosamente le complaceremos.

Puede consultar nuestro catálogo en www.edicionesobelisco.com

Colección Nueva conciencia
Un niño seguro de sí mismo
Paola Santagostino

1.ª edición: junio de 2005
6.ª edición: julio de 2019

Título original: *Come crescere un bambino sicuro di sé*

Traducción: *Carlos Martínez*
Maquetación: *Isabel Estrada*
Diseño de cubierta: *Espacio y Punto*

© 2000, Red Edizione Spa., Novara
(Reservados todos los derechos)
© 2005, Ediciones Obelisco, S. L.
(Reservados los derechos para la presente edición)

Edita: Ediciones Obelisco, S. L.
Collita, 23-25. Pol. Ind. Molí de la Bastida
08191 Rubí - Barcelona - España
Tel. 93 309 85 25 - Fax 93 309 85 23
E-mail: info@edicionesobelisco.com

ISBN: 978-84-9111-483-3
Depósito Legal: B-53.238-2006

Printed in Spain

Impreso en los talleres gráficos de Romanyà/Valls S. A.
Verdaguer, 1 - 08786 Capellades - Barcelona

El libro

Cada capítulo del libro explica cómo afrontar una serie de problemas específicos del niño desde la perspectiva más adecuada para estimularle positivamente y para conseguir por lo tanto que tenga una mayor seguridad en sí mismo, utilizando al mismo tiempo ejemplos concretos de situaciones conflictivas habituales entre padres e hijos.

En los primeros capítulos («Las intenciones y los resultados», «Ojo de madre» y «El mundo es seguro») se subraya la importancia de proporcionar al niño una perspectiva equilibrada y de animarle a explorar el mundo exterior –lo que constituye una parte esencial de su desarrollo normal–, sin transmitirle una sensación, muy común entre los adultos, de que ese mundo está lleno de peligros.

En los capítulos siguientes se analiza al niño en sí mismo, con sus defectos y sus particularidades, para que de esta forma los padres y los profesores sepan cómo potenciar al máximo sus capacidades y procuren minimizar sus defectos, a través del ejemplo, de los estímulos y sobre todo de las relaciones afectivas. Todo esto tiene una enorme importancia en el desarrollo de las posibilidades del niño, para el que la seguridad en sí mismo depende en gran medida de llegar a sentirse «capaz».

El porqué de este libro

En este libro hablaremos extensamente sobre seguridad personal y sobre cómo desarrollarla en el niño. Pero, ¿por qué damos tanta importancia a este tema? La seguridad personal se construye a partir de un conjunto de elementos diferentes; debe incluir una valoración adecuada de las propias capacidades, una confianza en las propias emociones y sensaciones, una visión favorable del mundo, una reacción positiva ante las oportunidades que se nos ofrecen, una buena relación con nuestro cuerpo y una aceptación global de uno mismo.

Cuando llegan los momentos difíciles (e inevitablemente llegan), tener confianza en uno mismo determina que la situación en cuestión se convierta en una simple inconveniencia o en una tragedia.

Pero hay más: la seguridad personal condiciona la forma en la que nos presentamos ante el mundo exterior, ante los demás, y determina en gran medida si nuestra vida será una serie de éxitos o de fracasos.

Es verdad que el individuo no tiene ninguna culpa ni ningún mérito por el hecho de haber nacido en el seno de una familia que potencie o perjudique su seguridad personal. Pero incluso si las circunstancias no ayudan, hay un momento en nuestra vida en el que podemos tomar las riendas de la situación en nuestras manos y remediar el daño.

Las intenciones y los resultados

La madre lleva a Marco al parque. Hace un día espléndido. Se acerca a un banco, cargada con una bolsa con palas, el cubo, zumo de frutas, y todo lo necesario para la salida...

Deja a Marco en el suelo; él tiene tres años y le encanta que lo cojan en brazos, pero ya empieza a pesar demasiado. Acaba de poner la bolsa en el suelo, está sacando los juguetes, cuando por instinto se gira. Justo a tiempo: Marco se dirige hacia el único charco que hay en todo el jardín y está a punto de caer dentro, poniéndose de barro de la cabeza a los pies. Grito, carrera de plusmarquista: consigue coger a Marco al vuelo y se lo lleva al banco mientras le regaña: «¡No debes acercarte a los charcos, te pones hecho un cerdito! Ven, juega aquí al lado de mamá, sé bueno».

La madre vuelve a dejar a Marco en el suelo y mientras busca algo en la bolsa le echa una ojeada... El niño está sacando con sumo cuidado un trozo de goma anaranjado del suelo, todo lleno de porquería y se lo está llevando a la boca. «Nooo... ¡Marco, por favor, no te metas eso en la boca! Es asqueroso, ¿no ves que está todo sucio? ¡Te hará daño y después tendrás dolor de barriga!».

Tira la goma lo más lejos posible. «Eso, coge la pala, ahora te busco tus moldes...». Es cuestión de unos segundos: con un gesto totalmente involuntario Marco se mete arena en los ojos y se pone a chillar como un desesperado. ¡Maldición! Coge al niño, va a lavarle los ojos a la fuente; él no para de gritar; la madre se pone a recoger la bolsa, la pala, al niño. Será mejor poner punto final a esta tortura y volver a casa...

- **La madre:** obviamente quería, por encima de todo, proteger a Marco de una serie de peligros. Pero, ¿cómo es posible que los niños consigan detectar todo lo que es potencialmente perjudicial para ellos en un lugar, como si tuvieran un radar? Ha resultado una tarde infernal.
- **El niño:** más o menos ha recibido el mensaje de que todo lo que hace está mal, de que el parque es un lugar peligroso donde sobre todo pasan cosas que no se entienden, pero que le provocan molestias en los ojos.

Éstas no eran por supuesto las intenciones de nadie, pero estos han sido los resultados.

Cambio de táctica

¿Es posible evitar este tipo de situaciones? Sí, es posible, o al menos es posible reducirlas al mínimo, pero para ello es necesario **cambiar de táctica.**

> **En lugar de adoptar la modalidad del «no»
> («No hagas...», «No vayas...», etc.) para proteger al niño
> de los peligros, se le puede dirigir directamente hacia
> situaciones agradables e inocuas, haciendo rápidamente
> propuestas de todas las cosas que sí «puede» hacer.**

Los niños no tienen un radar especial para meterse en líos, aunque a veces dé esa impresión; sencillamente son una ventana abierta al mundo. No disponen de las «instrucciones de uso». Éstas en parte se le imponen y en parte las va adquiriendo con la experiencia. Proporcionar exclusivamente información sobre todo aquello que «no se debe hacer», además de ser un mensaje desagradablemente restrictivo, deja al niño sin referente acerca de lo que sí puede hacer con total seguridad y además divirtiéndose.

En el ejemplo anterior, el charco resultaba ser lo que probablemente brillaba más dentro del campo visual de Marco, la goma era la cosa de color vivo más próxima; llevarse algo a la boca es la forma cognoscitiva más común para un niño de tres años, y echarse arena a los ojos es uno de tantos accidentes inevitables que suceden en el proceso de ir adquiriendo el control sobre los movimientos finos. Nada raro. Veamos si esa tarde podía haber ido de otra manera...

La madre lleva a Marco al parque. Hace un día espléndido. Pasan al lado de un parterre lleno de flores de colores. «Mira, Marco, qué flores tan bonitas...». Deja al niño en el suelo y él se lanza hacia las flores. Puede mirarlas, tocarlas, olerlas... incluso probarlas sin ningún peligro.

Se acerca una mariposa de colores, se posa, revolotea de aquí para allá. «Una mariposa...». Marco intenta atraparla, pero obviamente no lo consigue: la mariposa vuela más rápido. Marco dibuja una expresión de disgusto, pero rápidamente una voz le distrae: «Mira allí qué pajarito tan bonito...».

Es un gorrioncillo que brinca a pocos metros de distancia. Marco se lanza para atraparlo, pero éste también sale volando... Ahora, esto ya le parece demasiado, y tiene ganas de gritar, pero alguien le coge de la mano: «¿Oyes los pajarillos que cantan?». En efecto... «Pío, pío, pío». «Están allí, en el árbol...». ¡Ah, es allí a donde ha ido a parar el pajarillo! Con los demás, bueno. «Vamos a ver...». Se cogen de la mano. «Vamos por aquí, así no nos mancharemos los zapatos en el charco...».

Caminan evitando el charco.

«¡Qué árbol tan grande!...». Marco se queda mirando extasiado el enorme tronco del plátano, lo toca con las manos y levanta la cabeza. Las hojas brillan al sol creando un juego de colores con el movimiento del viento... La mamá lo coge en brazos, y lo acerca al destello del verde...

¿Publicidad idílica? Quizá, pero nos es útil para analizar algunos puntos. ¿Qué ha hecho la madre? Ha dirigido la exploración. Pero ha hecho mucho más: ha señalado una serie de estímulos visuales, auditivos, etc., que el niño puede percibir sin peligro alguno, ha marcado un comportamiento (evitar el charco en lugar de pisarlo) con una explicación sin alarmas, ha intervenido cuando el niño se encontraba frente a la imposibilidad de coger lo que deseaba (mariposa o pajarillo) desviando la atención hacia otras posibilidades.

En la práctica, ha propuesto toda una serie de códigos de comportamiento en diferentes situaciones. Y los niños aprenden por imitación.

Los niños aprenden mucho a través de la repetición de modelos y esquemas de comportamiento. Las «explicaciones» conceptuales sirven de bien poco, especialmente si son pequeños, porque en el fondo no alcanzan a entenderlas; pero, por el contrario, sí necesitan una gran riqueza de experiencias para aprender. Por lo tanto, ofrecerle estímulos que pueda experimentar sin peligro con todos sus sentidos, y pedirle que lo haga, es el mejor regalo y la mejor «educación». Pero ¿qué relación tiene todo esto con la seguridad en uno mismo?

La confianza en el impulso de explorar

Uno de los ingredientes fundamentales de la seguridad es la convicción de poder confiar en uno mismo, en las propias emociones, en los deseos y las tendencias de uno. ¡Y la impresión de tener dentro un diablo que te empuja a llevar a cabo los peores actos no forma parte en absoluto de esa seguridad!

El deseo de un niño de explorarlo todo no sólo es sano y natural, sino que es también vital y evolutivo. Obviamente, él no puede saber todavía lo que se puede explorar sin peligro y lo que es mejor estudiar con prudencia. Esto es fruto de la experiencia. Ningún padre desea que su hijo se rompa la cabeza tres veces hasta que aprenda que no hay que tirarse por las escaleras. Pero hay maneras y maneras de ejercer esa protección, ya sea verbalmente o a través de actos.

Primar la modalidad de poner en guardia, de avisar, que es en definitiva la fórmula del: «No hagas…», «No vayas…», «Cuida de no…», proporciona involuntariamente no sólo un mensaje de peligrosidad difusa en el mundo exterior, sino también la impresión de que el niño no se puede fiar de su propio instinto (explorador) porque éste está, de algún modo que no alcanza a entender, «equivocado». Lo que sí es seguro es que la madre se enfada, le grita y le castiga. Y este mensaje se traduce fácilmente en la convicción de que él mismo está de alguna forma «equivocado».

De esta manera, las intenciones protectoras de los padres terminan por crear una daño mayor que el que querían evitar: minan la confianza del niño en sí mismo.

Expresiones verbales	
Veamos ahora de forma sintética las expresiones verbales que se pueden adaptar para pasar de una modalidad protectora expresada en términos de prohibición a otra en forma de propuestas agradables y seguras.	
En vez de decir	**Se puede decir**
«No vayas…»	«Vas a…»
«No mires…»	«Vamos a…»
«No hagas…»	«Hagamos…»
	«Miremos…»
	«Haz… Mira… Oye…»
	«Ve… Mira… Oye…»

Pero es posible ejercer igualmente funciones protectoras evitando este desagradable «efecto colateral»: basta, como decía, con cambiar de táctica y dirigir activamente al niño hacia exploraciones inocuas, ofreciendo a través de nuestro comportamiento, ejemplos para evitar los peligros, sin necesidad de subrayarlos explícitamente de un modo alarmante. Una vez aprendido, este modelo será repetido de forma espontánea por el niño. Los niños son grandes «imitadores». No es necesario dirigir todas sus exploraciones, ni repetir la misma escena cada vez que vayamos al mismo parque. Basta con hacerlo un par de veces, y siempre que nos encontremos ante unas circunstancias nuevas. En las situaciones que le son familiares, el niño ya dispone de modelos de comportamiento, ya sabe, por volver al ejemplo anterior, que en ese parque hay flores, pajaritos, árboles, que los charcos hay que rodearlos, etc.

Pero para poder hacer esto es necesario que los padres tengan los ojos abiertos para detectar las oportunidades y no sólo los peligros.

Ojo de madre

Haced un experimento muy sencillo: allá donde os encontréis en este momento, mirad a vuestro alrededor con el ojo puesto en los peligros potenciales para un niño bastante pequeño, digamos de dos o tres años.

Si estáis en una habitación, veréis enseguida una serie de elementos: las esquinas de la mesa o de las sillas, los objetos frágiles, los aparatos delicados, la lámpara de pie…

Si estuvierais en la calle serían los coches, el bordillo de la acera…

Incluso si os encontrarais en un verde prado, podríais llegar a detectar algo: los insectos, la pendiente excesiva, la corteza astillada de un árbol…

Ahora cerrad los ojos durante unos segundos, para poder «parar» la escena, y cuando los abráis mirad a vuestro alrededor buscando las posibilidades que ese mismo niño tiene para jugar sin peligro. Quizá haya cojines de colores en la habitación, objetos que se pueden utilizar para inventar una historia…

Si estáis en la calle puede haber escaparates llenos de colores, los puestos de fruta…

En el prado, pues…

El ambiente no ha cambiado, ha cambiado el punto de vista, el ojo con el que se mira. Siempre se puede **observar un ambiente buscando en él las oportunidades que ofrece, en lugar de sus peligros potenciales.**

Descubrir las oportunidades

La manera en la que percibimos el mundo es normalmente «automática», en cuanto que está determinada por una larga experiencia personal, y por esta razón no nos damos cuenta siquiera de que se trata de una percepción predeterminada y específica, y creemos que lo que vemos es directamente el mundo exterior, tal cual.

El ojo de la madre tiene por desgracia una cierta tendencia a observar el entorno en términos de protección angustiada, y por lo tanto a detectar rápidamente, y sobre todo, los posibles peligros para el niño.

A partir de esta manera de mirar surge un modo de expresarse verbalmente, y por lo tanto de comunicar al niño aquello que vemos. Las fórmulas negativas, esquematizadas en el capítulo anterior, «Las intenciones y los resultados», son el fruto de la modalidad perceptiva subyacente: la madre ve peligros, la madre comunica peligros.

- La madre ve lo que el niño no debería hacer (incluso antes de que lo haga);
- La madre comunica al niño lo que no debe hacer.

¿Y todo lo que puede hacer? ¿Todas las infinitas posibilidades de estímulo y de placer que esas situaciones ofrecen? Ésas permanecen en la sombra, no se mencionan, quizá ni siquiera se ven.

En realidad, **el hecho de que si centramos nuestra atención sobre determinados elementos, no podemos al mismo tiempo**

advertir otros, es consustancial a nuestra estructura perceptiva. Hace tiempo que esto se demostró de una manera científica.

De todas formas podemos verificarlo rápidamente con un experimento muy sencillo.

Mirad a vuestro alrededor y contad todos los objetos azules que hay en el lugar donde os encontráis. ¿Ya está? Ahora cerrad los ojos y contad mentalmente los objetos rojos. Abrid los ojos y contad cuántos os habéis dejado...

Si estáis en un ambiente conocido, probablemente hayáis podido identificar algún objeto rojo, porque lo habéis recordado con la memoria; pero si realizáis este experimento cuando entráis por primera vez en un lugar extraño, os daréis cuenta de la diferencia.

En términos psicológicos esto nos hace pensar en la discusión del «vaso medio lleno o medio vacío» según lo mire un optimista o un pesimista. En términos de la educación de un niño, significa **transmitirle la percepción de un mundo lleno de peligros o de oportunidades.**

Por suerte, la modalidad de percepción de los padres no es algo fijo ni inmutable por naturaleza: es fruto de una actitud, y como toda actitud, si se desea, se puede cambiar...

El entorno se adapta

En relación con el entorno vital, es prácticamente automático que con la llegada de un niño (¡y sobre todo cuando empieza a gatear!), se alteren muchas cosas. Se retira todo lo que sea frágil, se esconden los envases de detergente y de medicinas en lugares seguros, se ponen protecciones en los balcones, etc. Incluso si el niño no dispone de una habitación para él, se acaba modificando toda la casa con el objetivo de «hacer desaparecer...» los posibles peligros.

Esto está bien, obviamente; pero ¿se hace lo mismo en relación con «añadir...» **posibles estímulos?** Y no me refiero a los juguetes en sentido estricto, sino a las posibilidades, a las oportunidades en un sentido amplio, que un lugar puede ofrecer.

Cuando se planifican los ambientes para los niños, como las guarderías o las habitaciones, normalmente se busca que los materiales, las alturas y las formas sean de tal manera que los pequeños se puedan mover con libertad, que puedan saltar, gatear por el suelo y trepar (y caerse) sin hacerse, ni hacer, demasiado daño.

Pero las oportunidades que ofrece un ambiente no son normalmente objetos o espacios que sea necesario comprar o reestructurar: es suficiente «verlas».

Fuera de casa

Esto es todavía más cierto cuando se sale al exterior y se va de paseo. Si en casa hemos conseguido de alguna manera adaptar el ambiente al niño, fuera no tenemos está posibilidad. Aquí entra en juego más que nunca el «ojo de la madre», o lo que es lo mismo, la forma que tiene el adulto de mirar el mundo.

Un «ojo de madre» atento a los posibles estímulos agradables para el niño es una auténtica bendición.

La función materna (diría incluso la de los padres) no es sólo, y ni siquiera predominantemente, la de proteger, sino que es sobre todo la de alimentar en un sentido amplio. Es posible que un padre que jamás dejaría morir de hambre a su propio hijo, puede perfectamente no darse cuenta de que lo está «empobreciendo» por falta de estímulos positivos en un sentido amplio. Porque los estímulos y las experiencias son como «el pan» para el desarrollo y el crecimiento.

La tendencia a detectar las oportunidades tiene además importantes «efectos colaterales» tremendamente favorables.

Entre otros, os hará sentir mejor a vosotros. Pasarse todo el rato viendo peligros por todas partes no es en absoluto agradable. Si tenéis una cierta inclinación a la ansiedad, fijar vuestra atención en la búsqueda de oportunidades positivas resulta un excelente antídoto.

En cuanto al niño... indicarle todos los peligros le inducirá también a él a centrar sobre ellos toda su atención. Pero, especialmente si es pequeño, el resultado no será de ninguna manera el que esperabais, esto es, el de evitarlos, sino probablemente todo lo contrario: que le despertamos su curiosidad.

Si el Paraíso Terrenal hubiera sido lo bastante grande, y Dios se hubiera quedado callado, probablemente habrían pasado muchas generaciones antes de que cualquier humano se hubiera dado cuenta casualmente de la existencia del único árbol con manzanas prohibidas... Pero sabiéndolo, la tentación se hizo irresistible... Estoy bromeando, la metáfora bíblica tiene en realidad otro significado muy distinto. Pero en lo que respecta a un niño pequeño normal, las cosas suceden realmente de esa manera: vosotros le señaláis alguna cosa para evitar que él la haga; él olvida inmediatamente la explicación, si alguna vez llegó a comprenderla, pero ha visto la «cosa», y tarde o temprano...

La seguridad en uno mismo y las capacidades

Volvamos ahora al tema de fondo: la seguridad en uno mismo. Otro de los ingredientes fundamentales de esta interesante mezcla es la seguridad de sentirse capaz. No se trata sólo de la confianza en las propias capacidades interiores, ciertamente imprescindibles, de las que hablaremos más adelante, sino también de la seguridad de que «el mundo» ofrece oportunidades.

Este convencimiento no aparece por arte de magia a una determinada edad, sino que se estructura lentamente no sólo a través de la experiencia, sino también por la absorción de las creencias de los demás. Y, como siempre, las creencias de los padres son las que se absorben primero y a un nivel más profundo.

**El mensaje que se está transmitiendo al niño
cuando se le señalan constantemente las oportunidades
que le ofrece el entorno que le rodea es que
en realidad el mundo está lleno de posibilidades:
sólo es necesario mirar alrededor.**

Y esto le será de una gran utilidad en la vida, especialmente en los momentos difíciles.

Los hábitos perceptivos
Para poder evaluar vuestra actitud perceptiva normal podéis utilizar las siguientes sugerencias.

- Estáis dando un paseo con el niño.
- Estáis en la calle. ¿Dónde se fija vuestra mirada?
- Entráis en una tienda. ¿Dónde miráis?
- Vais a casa de unos amigos y el niño se suelta de vuestra mano y va… ¿hacia dónde dirigís la mirada?
- Entráis en un parque con columpios. ¿Qué es lo primero que controláis?

Si detectáis que tenéis la tendencia a dirigir vuestra atención hacia los posibles peligros, podéis «equilibrarla» prestando atención a las oportunidades.

Se requiere una cierta distancia. Dado que la tendencia de partida se ha convertido en una costumbre, y por lo tanto opera automáticamente, al principio se necesita redirigir la atención de una manera consciente utilizando la voluntad. Podéis practicar en cualquier circunstancia, incluso sin el niño. Sólo se necesita preguntarse a uno mismo:

- ¿Qué actividad divertida podría hacer aquí?
- ¿A qué podría jugar?
- ¿Qué podría explorar?

El mundo es seguro

La madre está dando un paseo con Francesca. Van hacia el mercado, pero sin prisa: es sábado, pueden ir tranquilamente y callejear un poco.

Bordean los jardines públicos; ven un cachorrito muy activo (debe ser todavía muy pequeño por su forma de saltar) que tira de la correa e intenta acercarse a Francesca... El dueño sonríe y se aproxima.

La madre observa tranquila. Francesca no tanto... Le lanza una mirada a la madre más bien insegura, para decir la verdad, y se aprieta contra las piernas de su mamá. «Mira Francesca, un cachorrito...». El perro se acerca saltando. «¿Ves cómo mueve la cola? Eso quiere decir que está contento de verte...». El perro empieza a olisquear a Francesca, que está cada vez más confusa... «Te está oliendo... Lo hace para conocerte mejor».

El perrito se pone a saltar alrededor de Francesca y le lame la mano. «Es su manera de dar besitos, parece que le gustas...». Quizá, pero la niña sigue con la misma cara un poco asustada... La madre se agacha y acaricia al perrito, y éste no para de lamerle la mano. «¿Ves? Le gustan las caricias...». Poco a poco la niña va acercando la mano y toca al perrito. ¡Qué sensación tan rara! Tiene el pelo liso y suave. Francesca coge confianza y empieza ella también a acariciar al animal. Rápidamente se hacen amigos: el perrito lame y corretea y Francesca ríe de todo corazón...

Unos días más tarde se repite la misma escena… Francesca y su madre y están paseando juntas cerca de los jardines públicos. Se acerca un perro ladrando, se para en seco y empieza a gruñir. La niña lo mira sonriendo, la madre no tanto. No parece haber ningún dueño por ahí cerca, y el perro tiene las orejas bajas y está enseñando los dientes.

La madre coge tranquilamente a Francesca en brazos. «Me parece que este perro no está de buen humor… ¿Ves cómo tiene las orejas? ¿Y cómo enseña los dientes? Cuando los perros hacen eso es porque están enfadados… Es mejor no acercarse… Dejémosle en paz». Francesca pone cara de desilusión. Le gustaría jugar con el perrito.

«¡Mira Francesca, allí hay otro perro!». Se trata de un perro que está jugando tranquilamente solo, pero cuando Francesca y la madre se le acercan se gira con curiosidad, empieza a saltar y viene a olerlas. «¿Quiere conocernos?». «Me parece que sí…».

Francesca estira la mano para acariciarlo y el perro le deja hacer… Después madre e hija continúan su paseo.

Una madre que conoce a los perros

Veamos los elementos que aparecen en el ejemplo.

La madre sabe reconocer un perro peligroso de uno que no lo es, el niño no.

- **La madre ve el primer perro:** se da cuenta de que es un cachorro, que se acerca moviendo la cola y que el dueño le deja acercarse a la niña tranquilamente. Saca la conclusión de que es un perrito inocuo que quiere jugar, y ayuda a Francesca a coger confianza, superando el miedo inicial. Mientras la escena se desarrolla, ella va aportando información respecto al perro: por qué mueve el rabo, por qué olisquea, por qué lame… La niña no está del todo segura al principio (se nota que no está familiarizada con estos animales), pero le tranquiliza el hecho que la madre no demuestre ningún tipo de inquietud, y que incluso empiece a jugar con el perro… y al final ella también juega y se divierte.

- **La madre ve el segundo perro,** se da cuenta de que ladra, baja las orejas en posición de guardia y enseña los dientes. Además no se ve al dueño en las proximidades que controle su comportamiento… Parece aconsejable quedarse al margen. Pero ofrece esta información sin alarma, y sin generalizaciones: no todos los perros son peligrosos, ni tampoco todos son buenos. Ofrece las explicaciones necesarias para poder interpretar el comportamiento del perro a la hora de relacionarse con él.

A pesar de que quizá la niña haya aprendido poco en términos verbales, **las imágenes son muy claras, y dejan su huella en la memoria:** perro que menea la cola, se acerca, olisquea… se puede jugar. Perro que ladra y enseña los dientes… nos alejamos y hacemos otra cosa. No ha recibido mensajes genéricos (e inútiles) sobre la bondad o maldad de los perros en general, sino informaciones precisas sobre cómo comportarse con un perro según las circunstancias.

Los niños tienen la necesidad de sentirse a salvo en un mundo seguro. En relación con los posibles peligros, no necesitan que les pongamos en «guardia contra…» (especialmente contra los peligros hipotéticos o potenciales) sino que les demos la información concreta sobre cómo reconocerlos cuando se presenten y cómo hacerles frente. Por lo tanto, el mensaje, no sólo verbal, sino sobre todo el expresado con el comportamiento, debe ofrecer seguridad y apertura en un sentido general, y ser muy claro y concreto cuando haya un peligro visible directamente. Esto es válido también para las relaciones sociales y las personales.

Acercarse y alejarse

Giovanni está en la playa con su madre; están paseando entre las sombrillas y el niño siente gran curiosidad por todo: se acerca a cada niño que ve e intenta jugar con él, o al menos toca todos sus juguetes… La mayoría de las veces funciona: el niño o la niña de turno se contagian de su alegría, ¡es así como ha hecho un montón de amigos! ¡Más o menos lo conoce todo el mundo! Pero a veces las cosas se tuercen...

Giovanni se acerca a un niño un poco mayor que él (que tiene dos años y medio) y coge uno de sus muñecos y lo observa... El otro niño se lo quita de las manos: «¡Este juguete es mío! ¡Vete a jugar con los tuyos!». Y recoge todos sus juegos con un aire amenazador. ¡Se parece a un perro enfadado! Entrarían ganas de estrangularlo, pero no toda la culpa es suya: los niños aprenden siempre de alguien...

Giovanni no se ha dado cuenta de nada y continúa como si nada tocando los juguetes, sin inmutarse... El otro repite el mensaje, levantando todavía más la voz, y coge un puñado de arena con unas intenciones muy claras. «¡Vete de aquí, pequeñajo!». Pero Giovanni, en su santa inocencia no parece molestarse, y parece evidente que ni siquiera se da cuenta de lo que está pasando.

La madre le coge de la mano. «Ven Giovanni, este niño quiere jugar solo; ya encontraremos otro... Mira, allí hay una niña...». Y Giovanni se lanza sobre su nuevo «objetivo».

Los niños gruñones existen, y esta escena resulta bastante corriente en las playas. Pero no es necesario insistir sobre este aspecto negativo si nos dirigimos a Giovanni. No se trata de refrenar su sociabilidad, que es una gran cualidad. De hecho, a él el incidente no le ha afectado en absoluto; y es mejor así. Tampoco se trata de darle grandes explicaciones sobre la propiedad de los juguetes (que tiene poco que ver por otra parte con el comportamiento camorrista del otro niño), ni de alarmarlo respecto a las amenazas de recibir arena en los ojos, que eran sólo un amago. El mensaje corporal es suficiente: «a-l-e-j-a-r-s-e».

Con frecuencia, transmitir el mensaje «a-c-e-r-c-a-r-s-e» resulta un poco más difícil, especialmente si el niño es tímido o le cuesta tomar la iniciativa. Los padres se dan cuenta de que esto le hace estar muy solo, pero sus palabras de ánimo no obtienen ningún resultado. En efecto, para conseguir superar la timidez durante los primeros contactos no bastan las palabras de ánimo o los consejos: «¿Por qué no vas...?», «¿Por qué no haces...?»; pueden incluso provocar que el niño se sienta todavía más incapaz. ¡El niño no va porque no se siente seguro... y no sabe qué hacer! Puede resultar más fácil si va «con» la madre... Y cuanto antes lo acompañéis, mejor: no hay nada de extraño si un niño pequeño va a conocer a los otros niños con la madre, mientras que cuando sea mayor, esto sí le dará vergüenza.

La timidez va desapareciendo con el tiempo. Mientras el niño sea pequeño podéis ayudarle directamente, haciendo las cosas juntos y apoyándolo; cuando crezca esto será contraproducente porque los otros niños se reirían, y él se encontraría todavía más incómodo. Entonces es necesario emplear otros métodos.

Lucía está en la playa con su madre. Es un momento especial porque la madre no puede estar con ella con mucha frecuencia, pero sí ha podido darse cuenta de que su hija tiene dificultades en la relación con los demás. Quizá sea «falta de costumbre», porque Lucía todavía no va a la guardería, y la abuela no se atreve a sacarla a jugar, porque tiene problemas en las piernas... Así que decide hacer rápidamente todo lo que puede, aprovechando la ocasión. Debe tomar la iniciativa porque si fuera por la niña, estaría todo el día pegada a sus faldas, sin alejarse siquiera un centímetro.

«Ven Lucía, vamos a dar un paseo...». La mirada de la niña no indica precisamente entusiasmo, pero bueno... Empiezan a pasear por la orilla del mar. La madre le va señalando diversas cosas: los niños, los castillos de arena, el agua, pero Lucía parece exclusivamente concentrada en apretar la mano de su madre, como si tuviera miedo de perderla, y parece indiferente a cualquier estímulo...

«Vamos al agua...». Se meten en el agua juntas y se quedan allí donde pueden flotar las dos, moviendo los brazos. La madre ya ha visto a otra madre con un hijo de la misma edad, y poco a poco se les va acercando, como si se moviera por casualidad con las olas. «Mira... un niño como tú». Por toda respuesta,

Lucía vuelve la cara y la esconde tras la espalda de su madre, agarrándola todavía con más fuerza...

La madre se para, sin hacer nada. Cuando la niña se suelta ligeramente y se da la vuelta, se quedan allí al lado; la madre sonríe a la otra madre, y el niño a Lucía. Otra aproximación, sin hacer nada más, sin forzar las cosas...

Tras una serie de escenas de «escondo la cara», Lucía se tranquiliza, y su curiosidad consigue abrir un pequeño resquicio: como la madre no la abandona, se puede dedicar a mirar al otro niño... La madre de Lucía pregunta al pequeño: «¿Cuántos años tienes?». Él farfulla algo totalmente incomprensible e intenta mediante un complicadísimo gesto con las manos, mostrar algunos dedos en alto. «¿Y tú?» le susurra al oído la madre a Lucía, que hace el mismo intento acrobático; parece que tienen la misma edad. El niño agita las manos en el agua, la madre le acerca a Lucía, siempre con ella en brazos... Ella también agita las manos. Un gesto, otro y poco a poco el hielo se va rompiendo, y acaban jugando los cuatro en el agua.

Con más frecuencia de lo que creemos, la timidez de los niños en su relación con los demás es también una consecuencia de la falta de costumbre. «El otro» es un desconocido, una experiencia nueva, que el niño no sabe cómo afrontar.

Su disponibilidad en relación con los demás depende de los mensajes más o menos tranquilizadores y estimulantes que ha recibido en general respecto del entorno exterior.

Los otros niños son sólo uno de los muchos elementos de este entorno, y no se puede esperar que un niño educado con la cantinela del: «Ten cuidado con» se comporte con desenvoltura, incluso en circunstancias en las que no existe ningún peligro; sorprendentemente son los mismos padres los que quisieran que el niño fuera más atrevido.

No todo es una amenaza

La seguridad en uno mismo se basa también en la convicción de poder afrontar y resolver diferentes situaciones. Esto requiere tener confianza en las propias capacidades, ¡pero también pensar que todo problema tiene alguna solución! ¡Nadie puede estar totalmente seguro de sí mismo si tiene la percepción de estar inmerso en un mundo lleno de amenazas y de peligros, que aparecen de forma imprevista por todas partes!

Un niño tiene ya la conciencia de su propia impotencia. Y es una percepción realista. Pero de momento, hay alguien que hace las cosas por él.

Se necesitará tiempo y un cierto desarrollo para llegar a darse cuenta de que puede «reaccionar» en primera persona sin necesidad de depender de los otros adultos, y ¡previamente, esto debe ser verdad!

¡Pero si además de sentirse impotente también percibe un mundo lleno de amenazas, esto es ya excesivo!

En ese caso, como mínimo puede aparecer un sentimiento de ansiedad permanente. Por esta razón los niños necesitan que se les dé seguridad: ya soportan una sensación de impotencia, que por sí sola es bastante desagradable, pero inevitable; no añadamos además una percepción de peligro constante, que se puede evitar, incluso si, de alguna forma, es verdad que los niños afrontan esos peligros: ¡son tan vulnerables! Pero esta no es una consciencia que desarrollen ellos solos, porque en su inocencia no saben ni siquiera que los peligros existen, y seguramente esto resulta necesario para su propia supervivencia para no acabar aplastados por la angustia.

El niño percibe directamente la sensación de impotencia en su faceta motora: «Quiero coger cualquier cosa pero no llego…», mientras que el concepto de «peligro» implica una serie de valoraciones mucho más complejas, que se relacionan con la previsión, la memoria y la experiencia, todas funciones que se desarrollan con el tiempo. Por otra parte, **la percepción de los peligros está también en relación con la percepción de las propias posibilidades:** un halcón representa un peligro para una ardilla, pero no para una elefante. Al crecer, el niño irá aumentando sus capacidades, y por lo tanto disminuirán las situaciones desfavorables.

Mientras es pequeño, la sensación de peligro no es innata, sino que se le transmite. Por lo tanto no es conveniente forzarle a tomar una conciencia excesiva del mismo, que acarrearía un sentimiento de angustia excesiva. Es la angustia de la madre la que se acaba transmitiendo al niño. Y esto no resulta en absoluto positivo.

Se trata, también en este aspecto, de cambiar de táctica: comunicar instrucciones concretas y precisas, también directamente con el cuerpo, sobre todo en el momento en el que exista un peligro real, y nunca hacer advertencias genéricas frente a peligros potenciales.

«Eres un niño fantástico»

Pensad en un niño cualquiera: podría ser el vuestro, u otro que conozcáis bien. Cerrad los ojos y repasad todos los defectos que tiene, todas sus limitaciones, las debilidades y todo aquello que seguramente debería mejorar.

Ahora abrid los ojos y resumid vuestra opinión en una sola palabra. Por ejemplo: habéis pensado que es holgazán, descuidado, que parece que no le importe nada de nada, que se le tienen que repetir las cosas diez veces y aun así no obedece, deja todos sus juguetes desordenados, que lograr que haga los deberes es una tragedia casi tan dura como hacer que se lave los dientes, etc. En una palabra: es vago.

Ahora cerrad una vez más los ojos y pensad en el mismo niño, repasando todos los aspectos positivos, todas sus cualidades, todas las posibilidades y capacidades que percibáis en él.

Abrid los ojos y resumidlas en una palabra.

Retomando el ejemplo anterior, habéis pensado que es extremadamente sensible, que muchas veces parece que intuye las situaciones, aunque a veces no lo diga, como si tuviera un sexto sentido, que con frecuencia hace unos comentarios que os dejan con la boca abierta o dice ocurrencias que os hacen reír, etc. En una palabra: es intuitivo.

Ahora pensad en una tercera persona que no conozca al niño y que escuche sólo una de las descripciones. ¿Qué idea creéis que se formará? ¿Se tratará del mismo niño?

¡Una inteligencia fuera de lo normal!

En Estados Unidos llevaron a cabo un experimento muy curioso. Se les dijo a algunos maestros en relación con un grupo determinado de alumnos escogidos totalmente al azar, que poseían una inteligencia extraordinaria y que en cualquier momento sin aviso previo podrían demostrar una capacidad superior a la media; en definitiva, que se trataba de niños superdotados, incluso si no lo parecían. Se les pidió a los maestros que no hicieran ningún comentario, ni siquiera entre ellos, y mucho menos con los propios niños ni con sus padres. Increíblemente, al final del año escolar, **casi todos los individuos del experimento obtuvieron resultados superiores a la media.** ¡La inteligencia superdotada a la carta!

Los comportamientos inducidos

Resulta muy interesante preguntarse cómo es posible que el convencimiento de un maestro, nunca manifestado ni expresado, pueda influir de esa manera en el rendimiento escolar de un muchacho. En realidad, lo que pensamos los unos de los otros se manifiesta no sólo mediante palabras (de hecho, los canales más influyentes son precisamente los no verbales), sino que influye sobre nuestro comportamiento y en cierta forma «lo induce». En pocas palabras, si tenemos una buena impresión de una persona, provocamos que saque lo mejor de sí mismo, y viceversa. El proceso se desarrolla normalmente a un nivel totalmente inconsciente, pero de hecho son muchos los experimentos que buscan comprender este proceso, para poder inducirlo de una forma voluntaria.

«¿Quiénes son?»

Hablemos ahora de un niño real: cada niño, vuestro niño. Es seguro que no ha nacido con una «idea clara de quién es». De hecho, para ser exactos, no nace con ninguna idea y ni siquiera, de momento, tiene la capacidad de creársela. El «quién es» de un niño se desarrolla desde el principio a través de un proceso, y es exclusivamente aprendido, en unos plazos de tiempo, por otra parte bastante largos, y se basa únicamente en lo que se le dice, o por ser más exactos, en lo que se le «comunica», porque, como indicaba antes, los mensajes no verbales son los más influyentes.

El contacto físico

Hablemos, por ejemplo, del contacto físico. Cuando nos tocan amorosamente, nos acarician, nos miman, nos cogen en brazos, etc., nos transmiten el mensaje «Te amo», que más adelante se traducirá como: «Soy digno de ser amado». Es sabido que los niños de los orfelinatos pueden llegar a morir o a sufrir daños irreparables, a pesar de que reciben todo lo necesario desde el punto de vista de la alimentación, la higiene, etc., simplemente porque el personal que se ocupa de ellos no es suficiente para proporcionarles la cantidad de contacto físico que se puede recibir de una madre, incluso de la más dejada. Se puede morir por «falta de mimos».

La comunicación verbal

Pero hablemos de las formas de comunicación más tardías, aquellas que son directamente verbales. Un niño que sólo escucha decir de él que es tonto, malo, pesado, etc., sólo puede concluir lógicamente que es tonto, malo, pesado, etc. No me refiero a ese momento excepcional en el que, empujados por la desesperación, se le dice al niño de todo. Esto es inevitable y no provoca ningún daño. Me refiero a las formas cotidianas de comunicación, sobre todo a las que expresan lo que la madre piensa del niño, incluso si no llega a decir ni una palabra sobre ello.

El estilo de comunicación

Existe la costumbre muy extendida de pensar que diciéndole al niño aquello que hace mal o en lo que se equivoca, se le está estimulando para mejorar. De hecho, señalar los errores parece ser uno de los objetivos educativos por excelencia. Si por el contrario, al niño se le hacen demasiados halagos, termina por «subirse a las barbas», se acaba echándolo a perder.

Es la vieja historia del lápiz rojo y azul. Antes la maestra subrayaba en rojo todo los errores no demasiado graves en lo deberes de la clase y en azul los verdaderamente serios; el rojo y el azul conjuntamente, eran, por lo tanto, algo parecido a una expulsión en un partido de fútbol. ¡Cuando uno veía que su redacción se parecía, por hablar en términos futbolísticos, a la camiseta del Barcelona, se echaba las manos a la cabeza! ¿Pero ha oído alguien hablar de deberes en los que se marque con amarillo o naranja las palabras bien escritas o las frases bien construidas?

Sin embargo, la mente, sobre todo la parte inconsciente, tiene una estructura muy particular, y parece que memoriza todo lo que le llama la atención pero no necesariamente con las conexiones lógicas correspondientes al caso.

Por ejemplo, aquellas marcas azules tan chillonas bajo una «h» consiguen dejar en la memoria el hecho que las «h» existen y que probablemente son algo importante, ¡pero en realidad nos dejan también bastante indiferentes en relación con el uso que se debe hacer de ellas!

Para volver al estilo de comunicación, ¡la costumbre de señalar todo lo que está mal no es en absoluto educativa! No estimula en absoluto la mejora personal, sino que deprime, construye una imagen de uno mismo negativa: «Lo que no soy, lo que no sé hacer, en lo que me equivoco, aquello que no consigo hacer…».

Preparando una depresión

Trabajando con muchachos adolescentes, he escuchado miles de veces: «Yo no valgo nada». ¡Y el que lo dice acaba de «incorporarse» a la vida! ¿Cómo pueden hacerlo con esta «alegre convicción» ya formada? ¡Una sensación de fracaso a los 15 años! **Antes incluso de haber comenzado a preparar los cimientos de algo, ya están**

convencidos de que no son capaces. Dado que el problema se encuentra tremendamente extendido, me he preguntado durante mucho tiempo qué está pasando, por qué está tan extendida esta idea y como ha llegado a construirse.

No tengo intención de entrar en detalle en esta problemática, entre otras cosas porque los motivos son múltiples e incluyen modelos culturales no específicamente ligados a la familia, que provocan unas **valoraciones del éxito absurdas y contradictorias.** Pero de todas maneras, uno de los muchos motivos de esta situación depresiva se debe buscar en un tipo de educación que es verdad que intentaba estimular el avance, pero que ha terminado por hacer sentir a los niños que son «incapaces». ¿Era esto lo que queríamos?

El deseo de agradar

Si hay algo que los niños adoran de verdad, aunque no lo parezca, es **agradar a los padres.** Serían capaces de dar un salto mortal por recibir un elogio. Y entonces, ¿por qué no utilizar esta vía, la de destacar los comportamientos positivos, todo lo que el niño haga de manera acertada, oportuna o adecuada? ¿Sería condicionarlo? Cierto, ¡pero por lo menos es un condicionamiento positivo! Además, toda la llamada «educación» lo es. Aunque sea deseable, construir un modelo educativo que ayude al niño a ser él mismo verdaderamente y a expresar sus particularidades, es por el momento una utopía. Por el momento, «educación» se traduce sobre todo en la transmisión de toda una serie de reglas de comportamiento consideradas como apropiadas. En consecuencia, siempre será mejor transmitir estas reglas de una forma agradable, que deje en el niño una sensación de bienestar y satisfacción, más que un sistema que le coarte toda la estima en sí mismo.

Cuando lo mejor es «no ver»

Seguro que os ha pasado con frecuencia, haber pedido al niño mil veces, qué sé yo, que no dejara la mochila en medio del pasillo, y no conseguir ningún éxito, nada, cero, la maldita mochila se queda allí todos los santos días. Me parece que nos ha pasado a todos. Cuando se trata de situaciones de este tipo, que no son realmente importantes, y sobre todo no son «peligrosas», se puede utilizar otra técnica. Visto que decir, repetir e incluso gritar han demostrado ser métodos ineficaces, se puede llegar a esta conclusión: los niños buscan sobre todo el aprecio, mientras que evitan la indiferencia. **La indiferencia de los padres les resulta insoportable;** están dispuestos incluso a llevarse una bofetada por un capricho, simplemente por llamar la atención.

En consecuencia: una vez que habéis pedido un par de veces que guarde la mochila en su sitio, si sigue todavía en medio del pasillo, haced ver que la mochila ya no existe. ¿La habéis visto? No. Nada. Su presencia ha desaparecido del todo de aquel lugar. Esto se llama «indiferencia absoluta». ¡Pero estad alerta! Se le ocurrirá una vez, quizá por equivocación, guardar la mochila en su sitio. ¡Ese es el momento de intervenir! Hacedle todos los elogios del mundo. ¡El niño no se ha limitado a poner en su sitio una estúpida mochila, sino que ha escalado el Everest, ha salvado al mundo de una catástrofe inminente, ha ganado un premio Nobel! No tengáis miedo de exagerar vuestras alabanzas, que por otra parte, un niño nunca encuentra excesivas. Es seguro que las recordará, e intentará repetir el acto: es posible que la mochila llegue a su sitio para que él reciba sus alabanzas, hasta que termine por ser una costumbre como otra cualquiera, y entonces ya no harán falta todas estas escenas, porque la costumbre tiene una gran fuerza por sí misma.

En conclusión, es más rápido y eficaz apoyar los comportamientos positivos que intentar reprimir los negativos.

La autoestima

Con esta discusión sobre el «nombrar», entramos de lleno en el tema de la seguridad en uno mismo. **Seguridad en uno mismo es obviamente sobre todo «cómo se considera uno», esto es, lo que**

uno piensa de sí mismo, qué comunica. Y como hemos visto, lo que el niño dice depende en buena parte de lo que previamente se le haya dicho, y cómo se considera depende de cómo se le ha considerado. En este sentido, la educación en la primera infancia resulta absolutamente determinante para el desarrollo posterior.

- A través de un proceso llamado de «interiorización», que se produce a nivel totalmente inconsciente y de manera automática, **lo que el niño ha escuchado sobre sí mismo una vez, será aquello que él mismo diga de sí,** formando un entramado de convicciones profundas sobre «quién es» y sobre sus capacidades, que es la base fundamental de la seguridad en sí mismo, o al contrario, de la inseguridad.
- Hablando de seguridad y de inseguridad, debemos por lo menos reconocer «las voces interiores»: me refiero al diálogo interno, y permanente, a través del cual hacemos valoraciones, consideraciones, y en definitiva, pensamos. Si nos detenemos a escuchar este diálogo interior, que todos mantenemos, **nos daremos cuenta de que está también y sobre todo, formado por juicios sobre nosotros mismos,** sobre nuestra actuación, sobre nuestras posibilidades futuras, sobre nuestras capacidades, etc.
- Precisamente la sensación de seguridad o inseguridad en uno mismo reside en la cualidad de este diálogo. Este diálogo, tan importante en nuestra vida actual, está en realidad formado por «fragmentos» de antiguas voces de otras personas, las de las personas fundamentales en nuestra infancia, tanto por sus valoraciones, sus juicios y sus formas de reaccionar ante las diferentes situaciones.

¡Lejos de la tapia!

Existen situaciones en las que es necesario marcar los límites, porque hay peligros objetivos, que no nos podemos permitir el lujo de correr.

La manera en la que se expresa una prohibición resulta fundamental.

- Por ejemplo, es importante que se haga de tal manera que «la cosa», sea la que sea, no se convierta en algo interesante, ¡precisamente porque está prohibida! Todos sabemos que la **atracción de lo prohibido** es muy fuerte, tanto que puede hacer atractiva una cosa que en otras circunstancias no lo sería. Para los niños además se une el gusto por el reto, la superación de los límites, de la lucha de poder con los padres... y mil elementos más. Estoy convencida de que, manipulando las cosas de una determinada manera, ¡serían capaces de lavarse los dientes a escondidas, si estuviera prohibido!
- Una dificultad añadida es que, aunque siempre es aconsejable explicar al niño las razones de una prohibición, en ciertos casos pueden ser **demasiado pequeños para comprenderlas,** o por lo menos, para hacerse una idea clara del peligro en cuestión, por lo que la prohibición pierde fuerza y capacidad de convicción, se convierte en algo muy abstracto y por lo tanto también muy fácil de olvidar.

A veces la prohibición no se salta intencionadamente, sino que se ha «olvidado» verdaderamente.

- Una prohibición es siempre una limitación, una restricción al impulso natural expansivo y exploratorio del niño. Por lo tanto es importante encontrar una fórmula que no le haga sentirse aun más impotente de lo que ya se considera, o de alguna manera, **inferior a los demás...**

Prohibir, además de no ser agradable, no es un acto simple, y hacerlo bien es todavía más difícil. Pero por otra parte, en ocasiones, resulta necesario. Intentaré mostrar con un ejemplo una fórmula que evite al menos los daños mayores.

Una elección difícil

Giovanni llega corriendo con sus enormes ojos brillantes: «Mamá, ¿puedo ir a jugar al patio?».

Su entusiasmo y su petición son tan convincentes que serían capaces de conmover a una piedra.

La madre no tendría ningún inconveniente para darle permiso, todo lo contrario; pero hay un problema: ¡la maldita tapia!

En ese patio, en el que juegan también otros niños algo mayores que Giovanni, hay una tapia. Uno de los entretenimientos preferidos de los pequeños consiste en saltar arriba y abajo. Por regla general, éste no suele ser un juego peligroso, y puede resultar incluso muy divertido. Pero los niños mayores tienen las piernas más largas y coordinan mejor sus movimientos; y a esa edad unos pocos años de diferencia son importantes. Giovanni es más pequeño. Para él, saltar desde esa tapia es realmente peligroso: puede hacerse daño. Pero claro, los amigos le llaman, y él ve cómo se divierten ellos... ¿Es lógico esperar que un niño pequeño diga que no porque se da cuenta él solo del peligro que puede correr? ¡Imposible!

Y entonces, ¿qué se puede hacer? Decirle que no puede ir a jugar es una auténtica pena, dejarle ir representa un gran peligro, y la madre no puede estar en el patio vigilando la tapia todo el rato como un policía, porque no tiene tiempo. No resulta fácil encontrar una alternativa…

«Oye, Giovanni…» con un tono cómplice y conspirador, «¿serías capaz de hacer un pacto secreto entre tú y yo?». «¡Pues claro que sí!». Giovanni levanta la oreja y se acerca. «Una promesa…». Curiosidad. «¿Serías capaz de prometerme que no te dejarás convencer por Angelo o Francesco para saltar desde la tapia?». Silencio de sorpresa.

«Esa tapia es demasiado alta para ti, por ahora; te podrías hacer daño saltando desde arriba, y mamá estaría muy preocupada, y sufriría todo el rato… Tú tienes cuatro años, cariño, Angelo y Francesco tienen seis. Cuando tú tengas seis años también podrás saltar de la tapia todas las veces que quieras, sólo tienes que esperar un poco… Pero ahora ¿qué te parece si me prometes que no saltarás, ni siquiera si te lo piden? Un juramento secreto entre los dos… ¿Eres capaz?». Esto suena bastante interesante… Juramentos secretos con mamá… ¿Si es capaz? ¿Está bromeando o qué? ¡Él es capaz de todo! Hacen el juramento secreto, con un ceremonioso gesto con las manos con tres sacudidas, como hacen los verdaderos piratas. «Vale. Ahora puedes ir…», pero el final de la frase Giovanni no lo oye porque ya está bajando las escaleras a todo correr. Confiemos que la cosa funcione…

Dar respuesta a necesidades diversas

Hagamos algunas observaciones sobre la estrategia de esta solución y sobre las motivaciones a partir de las que se ha establecido.

1. Los puntos del problema

- **La madre quería dar permiso a Giovanni para ir a jugar al patio,** porque esto les iba bien a los dos; el problema no era la petición en sí misma, sino un tercer elemento: la existencia de la maldita tapia.

- El tema se complicaba de una manera **desagradable por la presencia de niños mayores.** Giovanni probablemente no saltaría por propia iniciativa de la tapia, pero con la presión de los demás, para evitar ser menos que los otros..., para no sentirse inferior a los otros niños... Además, con cuatro años era verdaderamente difícil que Giovanni fuera consciente de lo fácil y peligrosa que podría resultar una caída, y además ¡hasta entonces siempre le había salido bien!

Por consiguiente, **una prohibición expresada de una forma directa, vistas las circunstancias, era muy poco probable que se cumpliera** (incluso con la amenaza de castigos horrorosos), y a la larga le habría hecho sentirse inferior respecto a los otros dos niños. Por otra parte, intentar cortar de raíz el problema, prohibiendo totalmente el juego en el patio, hubiera significado privarlo de una importante fuente de socialización y de diversión, y habría representado una limitación grave, ya que el niño no llegaría nunca a entender porque «los otros sí y él no».

Por lo tanto, se planteaba la necesidad de dar satisfacción a muchas exigencias diferentes y contrapuestas: dar permiso a Giovanni para ir a jugar al patio, pero protegiéndolo del riesgo que supone un juego peligroso para él, dándole al mismo tiempo las motivaciones que no le hagan sentirse inferior a los otros niños, ayudándole de alguna manera a resistir a las presiones de los amigos, y todo esto si fuera posible, sin «condenar» la tapia para no hacer de ella un objeto del deseo prohibido. ¡No resultaba nada fácil!

2. Los pasos de la respuesta

Cualquier respuesta que hubiera empezado con un: «Sí, puedes, pero...» o también con un: «No, no puedes, porque...» no habría servido en absoluto como explicación, porque si un niño de cuatro años oye un: «Sí» a sus deseos, no escucha nada más, y corre escaleras abajo, y si oye un: «No», se pone inmediatamente a llorar, y no le importa para nada la explicación.

Por lo tanto, primero se debe dar la explicación, y más tarde se llega a las conclusiones: sí o no.

En el caso expuesto, por ejemplo, habría sido imposible llegar a un pacto secreto, con la ceremonia de promesa solemne (que a los niños les gustan mucho), si Giovanni hubiese sabido de entrada que la respuesta era: «Sí», y además se hubiera aburrido, porque no vería llegar el momento de bajar al patio a jugar.

3. Los ritos

Los niños tienen un gran sentido de los ritos, de las ceremonias, de las celebraciones. Quién sabe, quizá se trate de una memoria ancestral de las fases iniciales del desarrollo de la humanidad, cuando se intentaba controlar las potentes y brutales fuerzas de la naturaleza (las lluvias, inundaciones, terremotos, sequías…) mediante «ceremonias propiciatorias».

Los niños atraviesan con frecuencia una fase en la cual crean sus propias ceremonias privadas y personales, quizá incluso secretas, como por ejemplo «dar tres vueltas alrededor de la cama antes de salir de casa», o «andar pisando sólo las baldosas blancas y no las negras». Este tipo de comportamientos en un adulto se consideraría patológico, una absurda superstición, pero en un niño son muy habituales; representan intentos de controlar la realidad. Son como una especie de experimentos en el intento de adquirir algún tipo de dominio sobre los acontecimientos, que poco a poco van desapareciendo cuando el pequeño, al ir creciendo, aprende otras maneras más eficaces de actuación.

Esta propensión de los niños por las ceremonias se puede utilizar perfectamente para establecer «pactos», promesas, o acuerdos recíprocos. Lo importante es que se respeten rigurosamente cuando sean los padres los que prometan algo, porque si no es así perderán toda la credibilidad y aparecerá en el niño un auténtico sentimiento de traición, sobre todo en algún asunto que para el niño tenga una gran importancia y sobre el que es demasiado pequeño para aceptar justificaciones.

**La idea de hacer un pacto secreto con la madre es segura-
mente muy atractiva para un niño:** crea un vínculo y le hace
sentirse importante. En cierta forma, es como si le trataran «como
un socio», ¡lo cual le aporta un sentimiento de importancia!

4. El sentimiento de inferioridad

En el ejemplo anterior, la madre da la vuelta completamente al
problema de la capacidad con el pacto. Sustituye con «la capacidad
de establecer un pacto» a «la capacidad de saltar desde una tapia».

Hemos elegido el ejemplo conscientemente para ilustrar este
cambio de perspectiva. El hecho de saltar de la tapia representa
para Giovanni una demostración de su valentía delante de sus
amigos, y esto habría jugado un papel muy importante en el in-
cumplimiento de la prohibición, porque **el deseo de no sentirse
inferior es una motivación muy importante.**

Sobre todo si los amigos hubieran empezado a provocarle (cosa
que los niños hacen permanentemente) habría resultado muy difícil para Giovanni no dejarse convencer.

- Con la historia del pacto, la madre ofrece al niño una gran
  ayuda en este tema, una alternativa: si no puede demostrar
  delante de sus amigos ser lo suficientemente valiente para saltar de la maldita tapia, demuestra al menos a su mamá que es
  capaz de cumplir una promesa, lo cual, a pesar de no resultar
  tan atractivo, es por lo menos un excelente consuelo. Con la
  alternativa que la madre ofrece en el ejemplo, está demostrando
  que ha entendido perfectamente que el verdadero problema
  está relacionado con los amigos.
- Además, la madre aclara con su explicación (suponiendo que
  el niño la pueda entender) **que la situación es sólo temporal.**
  Ahora Giovanni tiene cuatro años y no puede saltar la tapia,
  pero pronto, él también tendrá seis años como sus amigos
  Francesco y Angelo y podrá saltar cómo y cuando quiera.

A pesar de que aparezca una cierta idea desagradable de que con cuatro años se está más limitado que con seis (lo que por otra parte es verdad, y hace atractiva la idea de crecer), por lo menos queda claro que es sólo una cuestión de tiempo, y no de una inferioridad permanente. En definitiva, el problema de la incapacidad no se refiere a la persona, al niño en sí como incapaz, sino que se debe a otros factores; tanto si lo comprende como si no, queda claro en el mensaje que se trata de otra cosa (los años) y de algo que pasará rápidamente.

5. No demonizar

En su explicación, la madre no condena la tapia en absoluto como responsable de desgracias o fuente de peligros en sí misma. Apenas la cita y aclara abiertamente, que dentro de poco, a los seis años, podrá saltar como quiera. Esto evita aquella fascinación por lo prohibido de la que hablábamos, convierte la tapia en una cosa como cualquier otra, e incluso saltar desde allí aparece como un juego cualquiera, sólo una cuestión de tiempo... Y mientras tanto se consuela con el pacto de piratas con mamá...

6. Mencionar la afectividad

La madre aclara que **el problema es que** ella **estará sufriendo todo el rato,** por miedo a que Giovanni se haga daño. (¡Y en realidad es así!; el problema es de la madre que se preocupa, en absoluto de Giovanni, que no ve ningún peligro, ni tampoco de sus amigos, ni de la tapia.)

Para todo el mundo, pero especialmente para un niño muy pequeño, **es más fácil entender y aceptar una motivación afectiva declarada** que un conflicto entre personas o una lucha de poder. Por lo tanto, en el ejemplo se deja claro: el problema es que *yo* sufro por ti, y que *yo* tengo miedo de que tú te hagas daño, y que *yo*... ¡Los niños son muy tolerantes con los problemas de sus padres, mucho más de lo que pensamos!

Yo soy capaz

Pero ¿qué tiene que ver toda esta discusión sobre las prohibiciones con la seguridad en uno mismo? Tiene que ver, y mucho, porque otro de los elementos de la seguridad en uno mismo es **el convencimiento de ser capaz.**

Demasiadas limitaciones, demasiadas prohibiciones, anulan toda idea de poder, sólo consiguen hacer sentir al niño esclavo, sometido sin esperanza a las fuerzas (los padres) más poderosas, contra las cuales no se puede hacer nada. Y esta sensación de impotencia permanece con el tiempo y deprime. Sabiendo que algunas prohibiciones son necesarias de todas formas, se puede estudiar la forma para establecerlas de la manera menos perjudicial posible para el niño.

¿Son los grillos patosos?

¿Os podéis imaginar un grillo patoso? Yo no, si no es en los dibujos animados. Uno se puede imaginar un grillo real lesionado, cojo porque ha perdido una patita, o porque está herido, pero, en condiciones normales, ¿cómo se le puede considerar patoso?

¿Y un cachorrito de perro? Éste sí que cuando es pequeño, a veces, se mueve de forma insegura, y precisamente por eso provoca una gran ternura; no creo que nadie diría de él que es patoso, y de todas formas es evidente que se mueve así porque es un cachorrillo, pero seguro que crecerá y sus movimientos se harán más coordinados.

Los niños pequeños se mueven como los cachorros: ellos también se tambalean sobre sus piernas todavía inseguras, sobre todo cuando hace poco que han aprendido a caminar, o se les caen las cosas de las manos o no consiguen asir nada bien, pero todo el mundo sabe que se mueven así porque son pequeños, y que necesitan tiempo (y práctica) hasta que puedan coordinar mejor sus movimientos más precisos. Todo está relacionado con el desarrollo de las conexiones nerviosas cerebrales, y es absolutamente normal. También ellos provocan una enorme ternura con su forma de moverse.

Sucede a veces (sobre todo antes y durante la adolescencia) que los niños más grandes se desplazan de una forma que puede hacer pensar en el adjetivo «patoso», porque parecen de alguna manera descoordinados, a pesar de no tener ya la edad de los cachorros, porque sus movimientos son «pesados», sin gracia, y pueden llegar a ser molestos...

En ocasiones, esta manera de moverse se presenta unida a una profunda timidez. Es como si el niño se encontrara permanentemente a disgusto, incómodo...

¿Se le puede ayudar?

«Te mueves como un elefante»

La madre está mirando cómo Francesca juega con sus compañeras. Tiene diez años, como las demás. Pero, ¿por qué diablos las otras corren y saltan y dan vueltas como libélulas y su hija parece un elefante en una cacharrería? Se mueve con la ligereza de un hipopótamo (¡a pesar de no estar gorda!); pisa a todo el mundo; si toca algo lo más probable es que lo rompa; le falta una pizca, aunque sea pequeña, de gracia... ¿Si continúa así, cómo será cuando crezca? Es una niña atractiva. ¡Por qué no se fija un poco más! Tiene una cara preciosa; si cuidara sus movimientos, sería perfecta. No, es necesario que se haga cargo cuanto antes de que debe prestar más atención...

Cuando las niñas acaban de jugar y Francesca y su mamá están yendo hacia su casa, la madre empieza el rapapolvo, que se abre con un: «¡Te mueves como un elefante!» y continúa poniendo de manifiesto todos los defectos y todas las consecuencias que éstos pueden tener cuando sea mayor y ningún chico la querrá de esa manera, acabando la charla con la conclusión de que «tiene que estar más atenta a su forma de moverse»...

Francesca escucha sin decir palabra; si se la mira con detenimiento se percibirá todo su dolor. Se siente humillada, sabe que su mamá tiene razón, que se mueve igual que un elefante, pero no sabe qué puede hacer, le sale así... y es ella la que pasa vergüenza y la que sufre. Tiene un nudo en la garganta, y muchas ganas de llorar, pero se traga sus lágrimas y le promete a su madre que tendrá más cuidado. En realidad, en ese momento lo que desearía es que la tierra se abriese bajo sus pies y se la tragase, poniendo punto final a su torpeza... Una vez en casa,

Francesca intenta poner atención en cada movimiento que hace, procura mejorar… con el resultado de que ahora siente todavía más vergüenza, y sus movimientos son todavía menos espontáneos y naturales. Si antes parecía un elefante o un hipopótamo, ahora parece un elefante o un hipopótamo asustado, rígido y todavía más desgraciado.

No pidáis lo imposible

La madre de Francesca cree que la manera de moverse de su hija está relacionada con su descuido, con un «no estar atenta» a lo que hace, y que por lo tanto con un poco de buena voluntad se resolvería el problema… Cree que Francesca se podría mover de otra manera si quisiera. **Pero no es así.**

Es verdad que ser conscientes de uno mismo y de lo se que se está haciendo proporciona a la acción una cierta armonía. Pero no es absoluto verdad que un niño que se mueva espontáneamente, sin darse cuenta y sin ser consciente, sea automáticamente un desastre.

La armonía y la coordinación son otra cosa, que tienen mucho más que ver con la espontaneidad que con el control.

¿Por qué entonces algunos niños son verdaderamente torpes? Existen muchas razones. Por ejemplo, esa torpeza aparece con frecuencia en **periodos de crecimiento rápido** (casi siempre durante la adolescencia o la pubertad) y es normalmente su causa. Es como si el niño no «estuviera acostumbrado» a esos diez centímetros de piernas de más que le han crecido, no supiese qué hacer con ellos, donde ponerlos ni cómo dirigirlos.

¿No habéis notado que es más frecuente que los niños torpes o descoordinados sean altos (en general por encima de la media) y casi nunca bajitos?

Los niños de estatura baja tienen «menos cuerpo para dirigir» y no sufren el problema de ese crecimiento rápido de forma visible, por el cual el cuerpo se alarga antes de que la mente tenga el tiempo suficiente para acostumbrarse a las nuevas dimensiones.

- **Este tipo de «torpeza del crecimiento» es sólo uno de las posibilidades.** De todas formas, si se trata de este caso, la única forma de ayudar al niño es darle la oportunidad de acostumbrarse a sus nuevas dimensiones. Nada de homilías, por favor, porque no se puede mover de otra forma, y ya sufre mucho él solo: las comparaciones con los compañeros o las compañeras más gráciles las hace él mismo por su cuenta (lo que de por sí ya representa un grave daño, y genera un gran sufrimiento inútil).
- Si existe una alternativa, es precisamente la contraria, transmitirle la seguridad de que **la situación es totalmente transitoria,** que cambiará sola con el tiempo y la costumbre, y que de momento no se puede hacer nada, y que lo mejor es relajarse y tener un poco de paciencia… que en relación con sus compañeros más agraciados no tiene «ningún tipo de culpa», y que cuando crezca él también comprobará que es una libélula, y no un hipopótamo, etc.
- En cambio sí resulta conveniente proponerle **muchas ocasiones para hacer ejercicios físicos,** muchas más de las que se ofrecerían a otro niño. Porque el niño torpe tiene más necesidad que los demás de «familiarizarse» con su cuerpo, de acostumbrarse a los movimientos sutiles, de adquirir el pleno control del movimiento a través de la costumbre y la repetición.

Sin embargo, este tipo de niños tiene normalmente una auténtica aversión a cualquier tipo de deporte o de actividad física. Con frecuencia están «pegados a la silla» y son los «empollones» por excelencia, ¡pero ni se os pase por la cabeza proponerles una partida de voleibol!

Todo esto es en el fondo lógico: el sentirse tan desgarbados y descoordinados representa tal tortura, que prefieren ahorrarse la experiencia. ¡Además, como se trata de juegos en equipo, en los que se someten al juicio de los demás niños (que es muy fácil que acaben tomándoles el pelo), peor que peor!

No quieren ir al gimnasio por nada del mundo, y es más fácil llevarlos al dentista que convencerlos para que practiquen un deporte, y así sucesivamente. Ante esta situación, **la solución tampoco es arrastrarlos** a la piscina «porque les sienta bien». Es más, de esa manera la piscina no sólo no les sentará bien, ¡sino incluso reforzará su rechazo hacia el deporte!

¿Y entonces? Entonces lo que se necesita es armarse de paciencia, e intentar que pruebe un cierto número de **posibilidades diferentes,** sin insistir si no le atraen, hasta que encuentre una actividad física que le guste (tarde o temprano la encontrará).

- Si lo que sucede es que una buena parte de su rechazo procede de que siente vergüenza **delante de los otros,** proponedle actividades «en solitario». Más adelante le convendrá socializar, pero sólo después de conseguir sentirse un poco más seguro de sí mismo y más cómodo con su cuerpo.
- Si no quiere hacer nada en absoluto, **sugeridle realizar alguna actividad con vosotros.** Hacer algo con el padre o la madre siempre resulta tan estimulante que ayuda a superar muchas barreras. Si físicamente no podéis esforzaros mucho, incluso un paseo resulta recomendable, pero si en cambio sois grandes deportistas, limitad las exhibiciones de vuestras dotes acrobáticas, ¡porque si no le haréis sentirse todavía más inferior!
- Existe también una base orgánica en la torpeza, y para esto pueden resultar de gran ayuda los ejercicios de *crowling,* es decir, los que incluyen la coordinación de piernas y brazos. Existen cientos de variantes, y se puede practicar incluso bailando. Los efectos son notables.

Los bloqueos emotivos

Decíamos que la torpeza puede tener su origen en un crecimiento demasiado rápido. Puede ocurrir también que **una determinada manera de moverse refleje alguna cosa que esté ocurriendo en el interior del niño, en el plano emotivo y psicológico.**

Por fortuna son muchos (y muy interesantes) los estudios sobre las posturas y los movimientos corporales como expresión directa, y comprensible, del mundo interior. Por ejemplo, Alexander Lowen en su libro *El lenguaje del cuerpo* ofrece una completa exposición del significado psicológico de la estructura del cuerpo, analizado a través de las posturas más habituales.

Se trata de un libro famosísimo y muy valioso, pero que se centra en explicar la constitución de un adulto: los niños están en un proceso de cambio permanente, y sus hábitos no se encuentran todavía estabilizados... ¡Todo puede cambiar en un abrir y cerrar de ojos! De todas formas, se pueden definir algunos factores básicos.

- Por ejemplo, decía al principio que con **frecuencia la torpeza está asociada a la timidez.** En cierta forma, ésta es un efecto de aquélla: si el niño se encuentra incómodo con su propio cuerpo, todavía estará más a disgusto al presentarse delante de los demás niños, que con frecuencia se burlan de él, precisamente por su torpeza, complicando las cosas todavía más.
- Otras veces, y diría que con más frecuencia, la torpeza y la timidez no son una causa de la otra, sino **dos caras de la misma moneda.** Una es una expresión física y la otra psicológica de una situación de bloqueo.

¿Pero bloqueo de qué? **Bloqueo de sentimientos y de emociones,** imposibilidad de expresarlas por miedo (¿o seguridad?) de que no serán aceptadas; en definitiva, por miedo a perder la estima de los padres o del entorno en el que viven.

También hay una gran cantidad de sentimientos que no son bien aceptados por el entorno que le rodea. **Por ejemplo, la rabia.** Un buen freudiano o un reichiano añadiría rápidamente también la **sexualidad.** Pero analicemos mejor la rabia, porque es más sencilla para proponer ejemplos.

¿A cuántos de nosotros nos gustan los niños que gritan, aprietan los puños, patalean y se quitan los zapatos? Sinceramente, a muy pocos. **Obviamente es un comportamiento que se reprime,** por las buenas o por las malas. Y con frecuencia, el niño lo abandona, o por lo menos no lo demuestra más. Pero lo que hace es dejar de expresar su rabia, pero no suprimirla.

Suprimir un sentimiento no es algo sobre lo que podamos tener un control voluntario: lo tenemos o no lo tenemos. El control voluntario sólo se puede ejercer sobre las expresiones: podemos decidir expresar o no expresar ese determinado sentimiento, y podemos decidir cuándo y cómo.

Pero si para un adulto puede no ser un problema decidir no expresar una determinada emoción, o escoger el momento más oportuno, posponer o esperar que aparezca la ocasión adecuada o encontrar la fórmula correcta, para un niño todo esto resulta demasiado complicado. Sencillamente, todavía no posee los instrumentos para hacerlo, y sólo los desarrollará más adelante. Un niño solamente puede escoger entre **expresar o reprimir.**

La represión de los sentimientos conlleva unas **contracciones musculares leves pero generalizadas, que más adelante limitarán la fluidez de los movimientos,** provocando esa desagradable falta de coordinación que se presenta como torpeza común.

¿Os habéis dado cuenta de que los niños tímidos y los niños torpes son normalmente también los «**niños buenos**»? No quiero decir «bueno» en todos los sentidos, pero ¡el niño tímido no es para nada el que levanta la voz, el que hace escenas con pataletas o el que tira los zapatos al suelo! Normalmente, el niño tímido es también el niño sumiso, el niño obediente, el niño que no reacciona, ni siquiera cuando haría falta. ¡Es un niño que tiene miedo!

El miedo a perder el afecto de su entorno juega un papel determinante, porque los niños dependen en gran medida de la aprobación de los demás. Y están dispuestos a todo con tal de obtenerla: también a reprimir los sentimientos que no serían bien vistos o que perjudicarían sus relaciones; dispuestos también a transformarse en un torbellino de contradicciones y en marionetas sin coordinación. Por supuesto que ellos no pueden ver la relación entre las dos cosas, partiendo del hecho de que ¡ni siquiera los adultos la ven!

«¡Hazte valer!»

¡El colmo de la ironía de esta historia es que al mismo niño al que se le niega cualquier expresión de rabia en casa, después se le exige que aprenda a reaccionar, a hacerse valer, cuando se trata de relaciones con los compañeros o los amigos! Como si él pudiera, encendiendo y apagando un interruptor, ser bueno y obediente (y reprimido) entre las paredes de casa y desenvuelto y asertivo en el patio del colegio; o quizás más, obediente en clase con la maestra y líder en el recreo con los compañeros. ¿Y qué más?

Por consiguiente, si tenéis un niño tímido es inútil que le presionéis para que sea más valiente y asertivo fuera de casa. Preguntaros antes que nada hasta qué punto estáis dispuestos a **aceptar sus expresiones de emotividad** dentro de la casa. ¡Con esto no estoy diciendo que los niños tengan que gritar y montar escenas, o que sea conveniente educar pequeños delincuentes sin freno ni control!

Pero los niños se enfadan, como todos, y quizá un poco más, porque en definitiva están sometidos a mil limitaciones, no sólo externas, sino también propias: cientos de acciones que desearían hacer y que no pueden porque tienen grandes limitaciones físicas. No son ni siquiera capaces de sostener una cuchara o de manejar un cuchillo, y esto representa una gran humillación. Por lo tanto, si de vez en cuando expresan su rabia, ¿qué hay de malo en ello? ¿Por qué tener miedo de esta reacción genuina?

Un niño se expresa directamente, espontáneamente y en el mismo momento.

Es su naturaleza. Tendrá todo el tiempo para aprender cuando crezca, a controlar sus sentimientos, escogiendo el momento y la forma más conveniente de expresarlos. ¡No hay que temer que si no se le impide hacer una escena cuando tiene tres años, no aprenderá nunca a controlarse! Seguro que lo hará, pero cada cosa en su momento.

Con mucha frecuencia, los padres y los que le rodean se asustan ante los ataques de ira del niño, no tanto por el daño que pueden hacer, que suele ser irrelevante, como por el temor de que al dejarle hacer, «se malcríe». ¡Piensan que el hecho de enseñarle a **no manifestar su rabia** es una de sus funciones educativas! Un niño bien educado es obediente, silencioso, no molesta y no levanta la voz. Me parece que en este tema existen grandes malentendidos. El niño, al ir creciendo, **aprenderá en cada caso a calibrar** sus expresiones de rabia, a buscar el momento y las palabras adecuadas para manifestarla mejor.

La rabia es uno de los sentimientos más normales del hombre, y tiene su función y su utilidad. Con el crecimiento y la evolución aumenta de forma natural la capacidad para gestionar mejor estas emociones. El niño aprenderá a controlar su rabia de la misma forma que aprenderá a manejar el cuchillo.

Es verdad que sus primeras manifestaciones, cuando es pequeño, son fundamentalmente bastas, directas, simples y a veces inoportunas en el contexto general, de igual forma que sus primeros movimientos son imprecisos. Cuando crezca se harán más finos, más adaptados y eficaces, más oportunos, en una palabra, **más maduros.**

Esto sucederá si todo puede tener lugar, por así decirlo, «a la luz del sol», es decir, si se puede expresar el sentimiento, y si es aceptado y puede desarrollarse. Si en cambio es **reprimido, queda enterrado en el subconsciente** tal como es, infantil, y de este modo no puede «madurar».

De esta forma acabará por **manifestarse de formas «laterales»**, por ejemplo mediante hábitos sintomáticos como comerse las uñas, o mediante comportamientos indirectos como una agresividad enmascarada, u otros. Si más adelante sucediera que ese niño, una vez que haya crecido (o incluso ya adulto) «se viniera abajo», entonces podrían darse las circunstancias en las que saliera toda su rabia, tal como quedó enterrada en su subconsciente, es decir, **infantil.**

Y esto seguro que le hará sentir vergüenza, porque ser infantil es normal para un niño, pero «ser infantil» para un adulto indica que hay algo que no funciona. **¡La vergüenza le hará reafirmarse en su decisión de reprimir las expresiones de rabia, y de esta forma el problema no se resolverá nunca!**

Por lo tanto, y para resumir al máximo: tolerar **las expresiones de los sentimientos de un niño, incluso de los negativos, le permitirá un desarrollo emotivo sano.** En lugar de decir «tolerar» sería mejor decir «aceptar», pero esta palabra a veces se puede confundir con «estar de acuerdo», o con «resignarse». Pero yo no estoy hablando ni de aprobar, ni de resignarse, ni tampoco de tolerar; verdaderamente estoy hablando de aceptar, en el sentido de un cierto «tomar nota» neutral, del hecho que el niño, en ese momento está viviendo aquel sentimiento, punto y aparte. Sin juzgarlo, y menos aun, sin castigarlo, y sin transmitirle el mensaje que ni siquiera debería tener ese sentimiento, que así las cosas no van bien.

Espontaneidad y seguridad en sí mismo

Es poco probable que a un niño tímido, o torpe, se le pueda considerar muy seguro de sí mismo.

> **Casi todo el mundo suele asociar automáticamente
> la timidez y la torpeza con un cierto grado de inseguridad,
> de incomodidad y de vergüenza.**

Un niño seguro de sí mismo debería ser desenvuelto, tranquilo, espontáneo, sin miedos… Y, como hemos visto, existe en cambio una relación entre timidez, torpeza, rigidez, represión y miedo.

> **La seguridad en uno mismo implica también,
> y quizá sobre todo, una aceptación auténtica
> de uno mismo.**

¿Cómo puede aceptarse a sí mismo con naturalidad un niño al que se le enseña que rebosa sentimientos y emociones inaceptables, que debe reprimirlos o esconderlos? ¡Es una contradicción!

> **Seguridad en uno mismo significa sentir que así
> «todo va bien», que lo que siento, lo que pienso
> y lo que hago es correcto.**

Lo cual no excluye que sea mejorable, y no implica que sea perfecto, ya que somos seres en continua y constante evolución. Pero la seguridad en uno mismo implica necesariamente aceptarse tal como se es en el momento, y actuar en consecuencia.

Las intenciones y propósitos de mejora pueden ser estimulantes y creativos, si se basan en esta aceptación, pero son una batalla perdida desde el principio si su punto de partida es: «Así no voy bien, me aceptaré cuando…». En esas condiciones el término «cuando» no llegará nunca, y tampoco la mejora.

Cada evolución positiva sólo puede proceder de una aceptación del punto de partida, porque de otra forma representa un enorme esfuerzo basado sobre la nada, un castillo de cartas que puede caer al menor empujón y dejar al descubierto sus débiles cimientos: «No voy bien».

Pero el niño no puede llegar a esta aceptación de sí mismo solo.

¡Y todavía menos en un ambiente que le envía el mensaje contrario! El apoyo por parte del entorno (que normalmente quiere decir los padres o la persona que se ocupa de él todo el día) le resulta indispensable para poder dar este paso y construir una base sólida para su desarrollo.

«No puedo»

Fabio está intentando construir una maqueta de un camión. Tiene casi seis años y con sus pequeñas manitas encuentra ciertas dificultades para encajar las piezas, especialmente las más pequeñas.

La madre está allí y lo mira de vez en cuando, pero no quiere intervenir para ayudarlo, porque sabe que a Fabio le gusta hacer las cosas solo y es incluso capaz de ofenderse si se ofrece para echarle una mano. Es un niño excepcionalmente autónomo para su edad, y se puede leer en su cara que una de las mayores satisfacciones para él es conseguir hacer las cosas él solo. Quién sabe, quizá no quiera sentirse inferior respecto a su hermano, que tiene tres años más, y que es todo un mito para él...

Fabio está ocupado ahora con una rueda que se niega a entrar en el eje. Lo intenta y lo vuelve a intentar, y sus movimientos se van haciendo cada vez un poco más nerviosos e impacientes. La rueda no entra... Fabio resopla y aprieta más fuerte... Cric... El eje se ha roto... ¡y estalla el vendaval! Fabio tira con rabia el camión contra la pared y empieza a chillar... ¡Está rojo de rabia, toda su furia desencadenada! Después estalla en un llanto histérico e imparable, y sigue diciendo maldiciones contra el camión, contra todo... hasta que la rabia da lugar al llanto desesperado, interrumpido sólo por el hipo, y Fabio lanza un desconsolado: «No puedo».

Michele es un niño bastante tímido y reservado, y también un poco miedoso, y un poco perezoso. Pero tiene otras muchas cualidades: es tremendamente inteligente, es sensible e intuitivo, tiene un gran talento para el diseño y un buen carácter...

Es verdad que tiene cierta tendencia a echarse para atrás, y por eso su madre hace todo lo que puede para estimularlo un poco. Por ejemplo, hace poco fue su cumpleaños, y entre otros regalos recibió una bonito puzzle, con muchos colores y perfectamente adaptado para su edad. Éste es uno de esos momentos en los que pulula por ahí sin hacer nada y la mamá le propone: «Michele, ¿por qué no intentas montar ese puzzle que te regalaron?». Sabe perfectamente que, con la pasión de Michele por el diseño, una vez que empiece se entusiasmará... La caja está allí, con sus colores brillantes. Michele la observa un momento y de repente dice, categórico: «¡Total, no puedo!».

Filippo está aprendiendo a ir en bicicleta. O mejor dicho, ya sabe, pero con las ruedecillas de atrás como apoyo; hace unos días las quitó... ¡y sin ellas todo cambia! Ahora se encuentra en una callejuela cerrada donde puede practicar sin peligro de que pasen coches, y prueba y vuelve a probar... Salidas en tromba, bandazos y más bandazos y naturalmente, muchas caídas... A la enésima explota en un llanto sin freno: no porque se haya hecho daño, su madre lo ha visto bien... es que no puede soportar más su incapacidad para controlar aquel maldito cacharro. De hecho, entre lágrimas, gime: «Yo no puedo...».

La primera intervención

He seleccionado tres ejemplos muy diferentes entre sí, porque la manera de afrontar cada problema tendrá consecuencias muy diferentes. Pero en relación con la «primera intervención», lo primero que se debe hacer es siempre lo mismo: delante de un niño que dice: «No puedo», se debe **transmitir seguridad** y consuelo.

En ese momento se encuentra hundido; bien porque ha llegado al límite de sus capacidades objetivas, bien porque está infravalorando sus posibilidades reales, en ese momento **su autoestima está cotizando muy bajo.** Comencemos por reforzarla, y después ya veremos la mejor forma de proceder.

Él se está definiendo a partir del no. «No puedo», con todo lo que este concepto conlleva en relación con tantas otras cosas que «no es».

Por lo tanto, debemos empezar a dar la vuelta a esa perspectiva deprimente, redefiniéndola sobre la base de «lo que es». Puede parecer un poco empalagoso, pero es así de simple y eficaz: este es el momento oportuno para hacerle una rápida relación de cosas que «sabe hacer», de las que **«sí puede»,** etc.

Se trata de una simple **operación de «reequilibrio»,** y si se quiere también de redimensionamiento del problema. En ese momento, el niño está viendo una sola cara de la realidad: la de todas sus incapacidades. Si le recordamos también la otra cara de la moneda, esto es, la de todas sus capacidades, empezaremos a darle al problema una dimensión más realista, incluso desde el punto de vista emotivo.

De hecho, esta intervención rápida debe tener unas **características emotivas, no lógicas ni racionales.** Quiero decir que no se trata de explicarle racionalmente todo lo es capaz de hacer y que el hecho de no poder hacer aquello no es el fin del mundo. Una argumentación como ésta conseguiría enfadarlo todavía más.

- **Él está afectivamente afectado por el fracaso** (real o imaginado) **y es precisamente en el plano emotivo en el que se debe actuar.** Por consiguiente, en última instancia no resulta tan importante «lo que decís», sino «cómo lo decís» (con qué tono de voz, con qué gestos del cuerpo), y lo convencidos que estéis vosotros del verdadero valor del niño, más allá de este fracaso específico.
- No es necesario prolongar esta fase, unos pocos minutos bastan; **es suficiente un abrazo cálido y acogedor, un mimo y dos palabras adecuadas.** Más adelante se podrá hacer algo más concreto, según sea el problema que el «No puedo» llegue a implicar.

Distinguir los auténticos problemas

El primer caso

Fabio es un niño muy independiente, al que le gusta hacer las cosas solo. ¡Y normalmente lo consigue! (Esto se debe tener muy en cuenta). Con la rueda del camión no lo ha conseguido, y es precisamente eso lo que provoca su escena de llanto. Sus lágrimas son de rabia al principio, y más tarde de malestar después de un fracaso, un éxito que se le escapa, un nuevo reto no superado…

Quizá en todo esto juegue un papel muy importante **la comparación con su hermano,** que tiene unos pocos años más que él, y que seguramente hace muchas cosas mejor que él, aunque Fabio no pueda entender por qué. No puede llegar a comprender que a esa edad, dos años de diferencia conllevan inevitablemente mejores conexiones cerebrales, y una habilidad mayor, y por consiguiente percibe todo como un fracaso personal, una muestra de su propia ineptitud; y es precisamente eso lo que le duele…

La madre ha hecho bien al no intervenir en su ayuda, porque es verdad que en la lógica de Fabio esta propuesta habría sido como una ofensa… una falta de confianza en su capacidad para salir del paso y conseguir montar el camión solo.

Y hará muy bien también en no intervenir durante la escena de rabia (ver el capítulo anterior: «¿Son los grillos patosos?»). Desahogarse es necesario para el niño; bloquearlo en cambio sería una equivocación, a pesar de que su reacción sea excesiva. Además, cualquier intervención exterior sería inútil: con un ataque de rabia así no atendería a ninguna razón; se podría reprimir la escena recurriendo a la amenaza pero esto no comportaría ningún provecho respecto a la comprensión o al cambio de actitud.

• Una vez concluida la escena, cuando la rabia da paso al disgusto, se puede pasar a la primera intervención tranquilizadora, que probablemente Fabio acogerá con poco entusiasmo, porque a él lo que le interesa no es lo que sabe hacer, a él lo único que le importa es no haber sido capaz de hacer «esa cosa». Pero de todas maneras, por poco que escuche, siempre resultará una intervención útil, precisamente porque empezará a **dar una dimensión adecuada al problema.**

- Más tarde se puede hablar. **El problema de Fabio es que «no sabe perder».** Hay quien no aprende nunca, y muchos adultos son capaces de hacer una escena histérica si fallan en un revés jugando al tenis… Acostumbrados a ganar, «a conseguirlo», no soportan la más mínima derrota y esto es una actitud totalmente infantil… ¡Pero Fabio no es «infantil», es un niño! Lo cual es muy distinto…

Sólo le falta aprender, y en esto se le puede ayudar, a aceptar algún fracaso, como parte inevitable de la vida y del camino del aprendizaje. **Tiene que aprender a soportar estas pequeñas derrotas,** sin hacerse demasiado daño y sin llegar a poner en cuestión todo su valor personal, y también a considerar en su justa proporción los fallos, a entenderlos como aportaciones a su experiencia…

Por esta razón la vía represiva es totalmente inútil: «¡Deja de hacer esas escenas de loco o te doy una bofetada!». Quizá podría llegar a cortar la escena, pero no resolvería en absoluto su problema, y ni siquiera habría supuesto un paso adelante para comprender la situación…

**¡Vale la pena preguntarse antes
si vosotros estáis dispuestos a tolerar sus fracasos
(y también los vuestros)!**

Es fácil crearse grandes expectativas con un niño tan excepcional y precoz. O quizá suceda que seáis vosotros los que esperáis tener un hijo que gane siempre. Esto puede ser una parte del problema: ¡el niño está sobre todo intentando no desilusionaros! Aunque todo eso no se llegue a decir expresamente, pero se pueda sentir en el corazón, ejercerá una influencia, y por consiguiente ningún discurso podrá cambiar nada, aunque sea muy emotivo, hasta que no cambie vuestra actitud interior.

Puede tratarse también de un problema exclusivamente suyo que ha desarrollado, por ejemplo, en su comparación frente a su hermano...

De todo esto se puede hablar con el niño, pero sobre todo se puede dar ejemplo, en las pequeñas cosas cotidianas, de tolerancia y de aceptación de los «errores».

El segundo caso

En este ejemplo la situación es totalmente diferente: Michele es un niño que **«ni siquiera lo intenta», que «lo da por perdido de entrada».** Hacer el puzzle está al alcance de sus capacidades, si lo intentara lo conseguiría, y también se lo pasaría bien... pero él se echa para atrás desde el principio.

En este caso encontramos una actitud depresiva de fondo mucho más marcada, que en el futuro podría limitar tremendamente el desarrollo del niño y sobre la que es conveniente trabajar cuanto antes.

- Aquí la fase de «intervención inmediata» debe ser más prolongada y debe formar parte de una acción permanente de apoyo a la autoestima del niño. A Michele se le deben destacar siempre los éxitos, todos, del tipo que sean, y se le debe apoyar en los fracasos, otorgando a la situación la menor importancia posible. Es un trabajo a largo plazo que se debe desempeñar con paciencia, hasta que el niño pierda completamente la «costumbre» de infravalorarse.
- Tras el apoyo inicial y la reafirmación de sus capacidades, que un niño tan sensible como Michele, a diferencia de Fabio, acogerá con gran agrado y con abierta gratitud, **vale la pena seguir animándole a intentarlo un poco más** en las fases posteriores de la intervención. No con órdenes frías, sino con una insistencia decidida para que pruebe... ¡Si ni siquiera hace un intento,

no tendrá nunca la confirmación de que sabe y puede hacer lo que desea!

Michele debe descubrir el placer de enfrentarse a nuevas conquistas.

Es necesario que abandone esa actitud de renuncia y que comience a enfrentarse a la vida y las experiencias.

Es evidente que él también necesita superar el miedo a equivocarse, si no se quedará paralizado siempre, pero también necesita que **se le estimule a probar** (lo cual con Fabio no era necesario, porque ¡él ya probaba incluso por su cuenta!)

Con Michele puede resultar útil que **probéis juntos,** por lo menos al principio, porque esto puede darle seguridad y estimularle. Más tarde, poco a poco, se puede acostumbrar a volar solo, pero esto llegará después...

Con este tipo de niños es conveniente tener mucho tacto, **delicadeza y dulzura** (incluso si se trata del típico niño al que os gustaría zarandear para que reaccionara), porque son muy sensibles, y una intervención demasiado brusca o autoritaria podría funcionar en cierta forma al principio, pero ser contraproducente a la larga.

Los niños como Michele no sólo tienen necesidad de «intentar hacer las cosas», lo cual se podría lograr de alguna manera un poco brusca, sino que sobre todo necesitan descubrir el **placer, el gusto** de probar. Esta será al final la auténtica motivación, y con métodos bruscos no será nada fácil obtenerla...

Por lo tanto, estos niños exigen de sus padres un difícil equilibrio entre ternura y firmeza, ¡y seguramente una gran dosis de paciencia y perseverancia! Sin embargo, **el esfuerzo bien vale la pena,** porque si tenéis éxito a la hora de transmitirle el gusto por «lanzarse» a hacer las cosas, resultará ser con toda probabilidad un muchacho a la vez sensible y entusiasta, amable y activo; si no lo conseguís, es posible que se encuentre en el camino hacia la depresión.

El tercer caso

Pobre Filippo: ¡no se puede decir que no lo haya intentado, con todas esas caídas! ¡Tampoco se puede afirmar que no sepa perder, o que haga escenas histéricas a la primera de cambio! Se trata de una situación diferente de las otras.

Filippo se enfrenta a un problema objetivo: ¡aprender a ir en bicicleta es tremendamente difícil! Se necesita una gran coordinación y muchos intentos antes de conseguirlo. Para algunos niños puede resultar más fácil porque tienen un gran sentido del equilibrio, pero para otros en cambio es un pequeño problema, y conseguir mantener vertical esa bicicleta puede resultar tremendamente complicado al principio.

En el momento en el que rompe a llorar sólo está cansado, exasperado por las continuas caídas, **harto de probar y volver a probar y seguir cayendo.** ¡Quizá la solución es descansar por hoy! Es verdad que se necesita mucha perseverancia para aprender a hacer alguna cosa, pero para que el aprendizaje resulte un placer y una experiencia excitante, es necesario tomarlo en pequeñas dosis.

Filippo es el caso menos problemático de los tres ejemplos; sólo necesita aprender a dosificar sus fuerzas, a reconocer el momento adecuado para abandonar algo, y **a no dudar de sí mismo** si el resultado no llega con la rapidez que él desea.

Es necesario aprender a resignarse en el momento, sin por ello renunciar o sentirse incapaz.

En este caso, el comportamiento correcto por parte de la madre es el de consolarlo, de hacerle ver todo lo que ha aprendido ese día, recordándole que sus esfuerzos no han sido inútiles… ¡y sobre todo llevarlo a casa! **Por hoy es suficiente, y se trata de un éxito, no de un fracaso,** a pesar de no haber conseguir el control total de ese cacharro. Mañana dará otro más…

Capacidad y seguridad

Resulta evidente que la seguridad en uno mismo depende en gran medida de sentirse «capaz».

Es evidente que el hecho de sentirse más o menos capaz es resultado de la cantidad de experiencias de éxito o fracaso que se ha ido acumulando; sin embargo, **será la manera en la que se afronten esas experiencias la que determinará si son un éxito o un fracaso** sin ningún tipo de duda.

Por encima de todo, el «éxito» y el «fracaso» son básicamente etiquetas que nosotros otorgamos a una experiencia determinada. No se trata por lo tanto del hecho en sí, sino de cómo lo cataloguemos. Lo que una persona define como «una derrota», otro lo puede entender como un «intento», lo cual suena muy diferente...

En el próximo capítulo, «Aprender a andar», hablaremos específicamente de la importancia fundamental que tiene en la educación la capacidad de aceptar los errores como enseñanzas, pero aquí me interesa sobre todo destacar **que esa forma de juzgar o catalogar es «aprendida».**

Para resumir: para que un niño se sienta seguro de sí mismo es necesario que se considere capaz, y para ello necesita haber experimentado una serie de éxitos. Para llegar a este punto es imprescindible probar, repetir los intentos con paciencia, no desanimarse, etc. Pero de todas formas la sensación personal de ser capaz o no depende de **cómo se consideren los éxitos propios y del peso que se da a los fracasos.**

Cada uno de nosotros se puede sentir un fracasado en un momento y un triunfador al cabo de cinco minutos; todo depende de si hace la lista completa de los éxitos o de los fracasos de toda su vida. ¡Seguro que a nadie le faltan elementos en ambas direcciones!

En todo ello interviene el peso y la influencia que la forma de pensar de los padres tiene sobre el sentimiento de seguridad de los hijos. **Los niños aprenden su esquema de pensamiento, no lo**

crean de cero. Si los padres tienen **la costumbre de destacar los éxitos del niño** y de quitar importancia a los fracasos, la impresión general que el niño tendrá de sí mismo será obviamente la de ser un individuo muy capaz. Por el contrario, si los padres tienden a destacar las equivocaciones y a infravalorar los progresos, el niño se sentirá un perfecto desastre; ¡ni siquiera «perfecto» como «desastre!».

Hay un tema que no he tocado en los ejemplos expuestos. Cada uno de nosotros tiene, por así decirlo, **«unas dotes naturales»**, unas actividades para las que está preparado... ¡y unos puntos débiles o actividades para las que es totalmente inepto! Y esto no es cuestión exclusivamente de una determinada preparación.

> **Es importante descubrir las dotes naturales del niño
> y ayudarle a desarrollarlas y a cultivarlas.**

En lo que respecta a sus lagunas, basta con tener en cuenta las necesidades básicas para sobrevivir; ¡para todo lo demás, no es necesario que todo el mundo sepa hacer de todo!

Cuando uno hace algo para lo que está dotado naturalmente, lo hace con gusto, tiene más facilidad que los demás para avanzar, aguanta mejor los sacrificios necesarios, y obviamente consigue un éxito mucho mayor, provocándole todavía más satisfacción.

Cuando uno es un negado para hacer algo, le cuesta un gran esfuerzo y obtiene unos resultados muy pobres; puede llegar a tener la capacidad, pero no el talento, y esto le acabará reportando muy poca satisfacción.

Es importante tener esto en cuenta cuando se le propongan actividades a un niño. Por desgracia, **con frecuencia los padres valoran más lo que es bueno para el niño basándose en concepciones generales;** esquemas que están condicionados culturalmente, valores globales, que no toman en consideración la especificidad y la particularidad de ese niño.

En ocasiones los padres tienen en la cabeza las actividades que a ellos mismos les hubiera gustado desarrollar pero no pudieron, y piensan que para el niño es un gran regalo ofrecerle esa posibilidad.

Pero no es así. El niño, incluso cuando es pequeño, es una criatura en sí misma, **con sus propias inclinaciones,** a pesar de que todavía no se hayan manifestado plenamente.

En realidad, el mejor regalo es estar muy atentos para captar las primeras señales de las aptitudes específicas del niño y **ofrecerle la posibilidad de desarrollarlas** o incluso hacer algunos ensayos y pruebas diferentes hasta que esas dotes particulares acaben manifestándose.

Cada uno de nosotros tiene un talento especial para algo (¡incluso más de uno!) El primer paso consiste en descubrirlo. Después se necesita cultivarlo, y la satisfacción y la sensación de «ser capaz» surgirán espontáneamente, cuando crezcan sobre el «terreno natural» de la persona.

Aprender a andar

Claudio está aprendiendo a dar sus primeros pasos solo. Él y su madre están caminando por la sala de estar, cogidos de la mano. Sus pasos son todavía muy inseguros; apoya un pie, levanta el otro, y su punto de equilibrio se traslada hacia delante, y ¡hala!, da tres o cuatro pasos más, precipitados y tambaleantes... Es toda una prueba muy práctica para conseguir dominar una combinación de movimientos bastante complicada: no existe ni una escuela, ni una teoría para ayudarlo...

Claudio se suelta de la mano de su madre; de vez en cuando da a entender que quiere intentarlo solo, y la madre le deja, aunque le parezca un poco precipitado, pero en la sala hay moqueta, así que no puede pasar nada malo...

Claudio emprende su expedición en solitario; los tres o cuatro primeros pasos son prácticamente perfectos, pero después se tuerce un pie, realiza un intento rocambolesco para recuperar el equilibrio, y... ¡cataplum!, al suelo. Claudio se queda mirando a su madre que le sonríe y lo abraza: «¡Has sido muy valiente!».

Claudio se vuelve a levantar rápido para volver a intentarlo, pero esta vez coge la mano de su mamá. Da cuatro o cinco pasos con gran seguridad que le devuelven la confianza y suelta la mano...

Es tan divertido de ver, parece un equilibrista que estuviera aprendiendo a andar sobre una cuerda... ¡Derrapa y está a punto de caer, se recupera en el último segundo, pone posturas de contorsionista!

Su último récord está por ahora en cinco pasos sin caerse; y ahora, en el cuarto paso un cambio brusco en el centro de gravedad, un intento imposible de recuperar el equilibrio, la toma de una postura de «libélula» y un aterrizaje violento sobre el suelo.

Empieza a asomar una lágrima, pero se encuentra ya en los brazos de mamá, que lo acoge y lo llena de elogios.

¡Vale! ¿Preparados para el siguiente paseo?

Volver a empezar desde el principio

**¡Todos hemos pasado por ahí,
a pesar de que no nos acordemos!**

Si ahora sabemos andar, debió de haber un momento en el que aprendimos, y que fue posible sólo a través de un largo periodo de intentos, un proceso continuo de «pruebas y errores», un perseverar a pesar de las caídas, hasta que finalmente conseguimos adquirir el control sobre nuestros movimientos. ¡Andar no es en absoluto una operación sencilla!

Podréis entenderlo rápidamente si intentáis andar con los ojos cerrados y fijando vuestra atención en la cantidad de pequeños movimientos que es necesario coordinar y organizar a la vez para dar un paso y mantener el equilibrio mientras os movéis. **¡Decididamente, no es fácil! Pero nosotros lo conseguimos.** Intentándolo y volviendo a intentarlo, con tanta paciencia y después de tantas caídas, ¡al final lo conseguimos!

De todas formas, **alguien nos debió ayudar.** Un niño no puede abandonar la postura supina y empezar a andar por iluminación divina. Necesita de un apoyo y de un guía, de alguien que le coja la mano en los primeros intentos, que le dé seguridad y lo anime después de las caídas.

Se ha demostrado mediante estudios psicológicos del proceso de aprendizaje motor que la velocidad y la facilidad con la que un niño aprende a andar depende en buena parte del **apoyo psicológico y de la reafirmación que recibe.** Es decir, que si al niño, cuando cae, no se le apoya, no querrá volver a intentarlo. Y esto obviamente hace más lento el tiempo de aprendizaje.

Es una pena que no conservemos recuerdos de esta fase, porque así sabríamos **cómo se consigue aprender algo difícil.** Sobre todo porque ese proceso se repite, en una manera sustancialmente igual, todas las veces que intentamos aprender una actividad nueva.

Una persona que con cuarenta años decida aprender a tocar el violín pasará inevitablemente por una «fase de obstáculos» que no será muy diferente de la etapa de caídas continuas que atraviesa un niño (sólo resultará un poco más molesta para los vecinos de la casa). Para el adulto, la función de la madre la desempeñará el profesor de música y la aportación fundamental de ánimo y de apoyo ya se la puede dar él solo. A pesar de que todo buen maestro sabe lo importante que son estas aportaciones e intentará desempeñar bien su papel.

Pero el proceso de aprendizaje es fundamentalmente el mismo, e implica las mismas obligaciones: intentarlo y volver a intentarlo; no rendirse ante los primeros fracasos, etc. Para conseguir que todo esto se desarrolle de la forma más rápida y agradable posible se necesitan las mismas cosas: no perder nunca la confianza, dosificar los esfuerzos, tener siempre en cuenta los avances, y ver los errores como parte inseparable del aprendizaje…

Este «aprender», con todo lo que comporta,
se hace presente en nuestras vidas miles de veces.

Es más, cuanto más «vivos» estemos, más conservaremos el deseo de descubrir y de probar cosas nuevas, y más seguiremos experimentando ese deseo.

Ha aparecido el error

Se abre ahora un tema fundamental:
«¿Cómo aceptamos los errores?».

A todos nos gustaría no cometerlos: son siempre una lata y una humillación. Sería maravilloso si con la lectura de un libro que se podría titular «Cómo se hace» fuera suficiente: ¡con un primer intento poder presumir de un resultado perfecto!

Pero no es así. Podéis pasar toda la vida leyendo libros para prepararos (lo que, por supuesto ayuda), pero después, cuando intentéis hacer algo en la práctica, ¡más tarde o más temprano aparecerá el fallo! Es totalmente inevitable, pero no representa un problema en absoluto.

El problema no son los errores, sino cómo los percibimos.

«Se aprende de los errores», dice un viejo proverbio: palabras de santo, pero que se olvidan con demasiada frecuencia. Sin embargo, es la única manera. Si conseguimos ver los errores como parte del aprendizaje, sin por ello deprimirnos o desanimarnos, el éxito está asegurado.

Los errores, que como indicaba arriba son de todas formas inevitables, **pueden servir siempre para aprender algo,** para replantear las propias decisiones, para modificar nuestra dirección... Por lo menos ahora sabemos «qué no hacer», qué es lo que no funciona, qué es lo que se ha demostrado ineficaz; ¡actuar por descarte también es un método!

Tanto la capacidad como la velocidad del desarrollo personal en todos los campos se basan en gran manera en nuestra disponibilidad para aceptar los errores con tranquilidad, a valorarlos, o por decirlo así, a usarlos como peldaños en nuestro avance hacia nuestro objetivo.

**Esta forma de sacar partido de los errores
es tremendamente productiva.**

Por el contrario, los errores se convierten en obstáculos para nuestro crecimiento cuando permitimos que nos desanimen, cuando perdemos la autoestima, tiramos la toalla, o peor aún, ¡dejamos de intentar algo por miedo a equivocarnos!

Si revisamos los ejemplos del capítulo anterior, veremos que todos ellos tenían alguna relación con **una mala gestión de los errores.**

- Fabio, el niño independiente, no aceptaba equivocarse y tenía reacciones de rabia exagerada frente a sus propios errores.
- Michele, el niño más tímido, ni siquiera lo intentaba, precisamente por el temor a equivocarse.
- Filippo estaba cansado por culpa de sus propios errores, hasta el punto de ser incapaz en ese momento de ver los progresos que había conseguido hacer.

El marginado

Algunos niños están jugando en el patio de la escuela durante el recreo después de la comida. Hace buen tiempo y alguien ha llevado un balón. Se ponen a organizar un partido de balonvolea. Todo se desarrolla sin reglas: los equipos se forman sobre la marcha, con niños de diferentes edades, que no se conocen entre sí, y ni siquiera son un número par. Pero a quién le importa, sólo es un juego para divertirse, no es un partido de campeonato...

Los compañeros de Giacomo le llaman para que juegue: él se niega pero ellos insisten un poco: «Venga, Giacomo, que nos falta uno en el equipo; no importa si no sabes jugar, ellos son de primero, y no llegarán ni a oler la pelota...». No hay nada que hacer. Giacomo no se deja convencer y se queda en el banco; el primero de la clase se queda en el banquillo...

Empieza el partido, juegan sin ninguna coordinación, y los más pequeños se hacen un lío infernal; los dos equipos no se distinguen entre sí; pero los niños se lo pasan en grande...

Al final del recreo están todos cansados, sudados, sucios, pero contentos. Suben las escaleras de la escuela gritándose: «Verás mañana...». Mañana para Giacomo será otra tortura, sentado en el banco, mirando cómo los demás se divierten, sintiéndose marginado e infeliz. Sin embargo, no han sido los demás los que le han excluido, se ha excluido él solo... Pero ¿por qué?

El perfeccionismo paraliza

Es evidente, el **perfeccionismo paraliza.** Más aun, ¡es una de las fuerzas paralizantes más potentes! Un deseo demasiado intenso de «hacer las cosas bien», de no quedar mal, de no equivocarse, puede resultar tremendamente restrictivo. Porque cuando iniciamos una actividad nueva para nosotros sabemos que tendremos que hacer muchos «papelones», y que en comparación con los demás, más experimentados que nosotros, pareceremos unos torpes. Somos conscientes de que seguramente ocurrirán una serie de cosas desagradables... Y es casi seguro que sucederá así, pero si no conseguimos superar esas frustraciones, incluso esas humillaciones, motivadas por nuestra ineptitud inicial no llegaremos nunca a hacer nada, y esto a la larga significará un daño todavía peor.

Los **«expertos» no nacen, se hacen.** En todas las actividades se necesita práctica para adquirir cierta habilidad. Es verdad que algunos pueden estar mejor dotados que otros, ¡pero estoy convencida que incluso Mozart, que a los tres años daba conciertos, a los dos tocaba fatal!

El deseo de llegar directamente al nivel de «experto» saltando el de «nulidad» es irrealizable. Acaba convirtiéndose en una forma de bloqueo, de inhibición y llega a ser un problema en sí.

¿Qué hacer?

¿Cómo podemos ayudar a un niño que tiene este problema?

Como de costumbre, vale la pena, antes que nada, hacer un repaso a **nuestra manera de reaccionar ante los errores:** los nuestros en primer lugar, y los de los otros en general, y ante los del niño en particular.

Si tenemos la **tendencia a ser severos** con nuestros propios errores, el niño tomará inconscientemente esa actitud. De igual forma, si sois severos con él respecto a sus equivocaciones, tendrá miedo a cometerlas, y por consiguiente, evitará todas las situaciones «de riesgo», en definitiva, todas las circunstancias nuevas. En este caso, la única solución es poner en cuestión esta actitud, observando los efectos que produce, tanto para vosotros como para los demás, y si os parece oportuno, intentar ser un poco menos rígidos. Esto tendrá un efecto inmediato en el niño.

Quizá el niño haya adquirido esta tendencia del ambiente en un sentido amplio, en la escuela o de la persona que se ocupa asiduamente de él.

Es evidente que **el trato que se debe tener con el niño** para ayudarlo a superar el bloqueo es una labor constante de estímulo para que pruebe cosas nuevas, sin preocuparse de los errores ni de la imagen, sino dando valor a la experiencia en sí.

Seguridad y aceptación de uno mismo

El miedo a equivocarse es incompatible con un sentimiento de seguridad, como lo es, por otra parte, todo tipo de miedo.

Seguridad en uno mismo quiere decir valor para probar, coraje para equivocarse, aceptación de uno mismo en lo bueno y en lo malo, en la victoria y en la derrota.

Esta actitud no es innata, sino que se aprende del ambiente y se absorbe por imitación de las personas que están más en contacto con el niño. Por lo tanto, los cambios en la actitud del niño sólo pueden ser fruto de cambios similares en la actitud de los padres o de los que hagan su papel. Si no, esas actitudes perdurarán hasta las etapas más adultas, en las que el sujeto ya tendrá un mayor control sobre los condicionantes inmediatos que le afectan y podrá modificarlos, si se da el caso.

Sin embargo, sucede a veces que encontramos padres muy seguros de sí mismos con hijos timidísimos o muy inseguros.

¿Cómo se explica esto? ¿No debería haber heredado el niño la seguridad de sus padres? Parece una contradicción con todo lo que he defendido hasta ahora. Y sin embargo sucede, incluso es bastante habitual, por ejemplo que los hijos de padres famosos o importantes, crezcan con enormes problemas y debilidades. El hijo de Napoleón era casi un enfermo mental, y de los descendientes de muchos grandes personajes, ¿quién ha oído ni siquiera hablar? ¡Muy lejos del «de tal palo, tal astilla!».

- En estos casos entran en juego otros elementos, **por ejemplo el de las comparaciones.** No resulta nada fácil para un niño tener un padre famoso, o con un carácter muy fuerte, como tampoco es nada fácil para una niña ser hija de una madre muy hermosa.
- Estos **padres «sin comparación»** son un patrón de medida constante, respecto al cual el niño se siente siempre inferior y en desventaja. No se trata de una inferioridad temporal que es natural en un niño con un padre normal, que sabe que «es sólo cuestión de tiempo», y que cuando crezca también él será capaz de hacer muchas cosas, como su papá y su mamá.
- Para algunos niños se trata de un sentimiento desesperado de «inaccesibilidad»; sus padres son demasiado perfectos, y él no llegará nunca a igualarlos. Quizá sea verdad. Si se trata verdaderamente de un personaje excepcional, **un genio no aparece todos los días,** y no se puede igualar. Por lo tanto, poco se puede hacer.
- Pero la mayoría de las veces esta dinámica aparece en familias totalmente normales, en las que los padres son personas con un carácter muy fuerte, pero no son en absoluto personas tan excepcionales ni tan inaccesibles como el niño piensa. Por lo tanto se deben introducir algunas matizaciones.

Un niño, cuando es pequeño, ve a sus padres como una potencia superior, como semidioses. Y tiene razón. «Ese ser», de entrada, tiene un tamaño gigante en relación con él, sabe hacer muchísimas cosas increíbles y determina completamente su vida: la comida, la temperatura, el cariño, la diversión, el castigo y el dolor, todo depende de él. Si ésta no es una «fuerza superior», ¿cómo la podríamos definir sino?

A medida que va creciendo, el niño empieza a desarrollar la percepción de que es sólo «cuestión de esperar», de que con el tiempo él también crecerá y será como sus padres. Es en esta fase en la que se estructura el concepto de «**modelo de identificación**». Si todo ha ido bien en las relaciones familiares, el niño querrá ser de mayor como su padre, y la niña como su madre. En cambio, si ha habido problemas, las cosas se pueden complicar, y los niños **pueden no querer parecerse nada a sus padres,** o por lo menos, no al progenitor de su mismo sexo. Y puede empezar entonces para el niño una difícil búsqueda de modelos de identificación que le resulten aceptables.

En los casos de padres de carácter muy fuerte con hijos frágiles, el niño piensa que no puede ser como sus padres y que no lo podrá ser nunca, y esta diferencia es una desventaja para él. No será nunca tan decidido, tan fuerte, tan seguro, en definitiva, será siempre y en todo «menos». ¡Qué perspectiva tan deprimente!

- A veces esto ocurre porque existen **diferencias caracteriales,** que tienen una base más biológica que cultural. Me explico: algunos rasgos de la personalidad, como por ejemplo una gran sensibilidad, parecen estar más relacionadas con las «dotes naturales» (a las que nos referíamos en el capítulo «No puedo»), es decir, son particularidades del individuo, distintivas de su unidad y su diversidad, incluso en relación con sus padres.
- Además **intervienen diferencias culturales.** En nuestra cultura, un niño con una gran sensibilidad, que se compara con un padre no tan sensible pero que tiene por eso mismo un carácter muy decidido, se encuentra a la fuerza infravalorado, porque la capacidad de reafirmarse e incluso de imponerse es culturalmente mucho más apreciada que la sensibilidad.

No es igual siempre y en todas partes (precisamente por eso lo defino como un fenómeno cultural), pero aquí y ahora es así: **se valora más la capacidad de imponerse,** de destacar, de autoafirmarse que la sensibilidad, la buena disposición o la delicadeza. Un cristal de Bohemia entre vasos de hojalata será más elegante y apreciado, pero corre el riesgo de acabar hecho añicos.

Si el niño posee por naturaleza un carácter amable, delicado y sensible, es inútil intentar que cambie, incluso si los padres se dan cuenta de que esta forma de ser no le hará la vida muy fácil precisamente.

Aquí, más que nunca **es necesario un enorme respeto por las características personales del niño.** Respetándolo y aceptándolo tal como es, diferente de vosotros, le daréis la única y mejor ayuda posible para que se acepte a sí mismo. Y la aceptación permite afianzar la seguridad en uno mismo, ¡para cualquier tipo de carácter!

El niño gordo

Un problema muy común que se encuentran muchos padres es **cómo actuar ante las continuas peticiones de alimentos por parte de un niño que ya sufre sobrepeso.**

Decirle que no, sin más, puede dar lugar a melodramáticas escenas protagonizadas por un pobre niño, víctima de una cruel privación, y no pondrán fin al problema. Las peticiones pueden continuar de una manera exasperante o ¡transformarse directamente en el robo de la caja de las galletas!

Pero por otra parte, ningún padre sigue dándole una merienda tras otra a un niño que ya está obeso, sabiendo como sabe que de esa manera las cosas sólo pueden empeorar…

La madre está ordenando los papeles de su mesa cuando entra Giovanna en la habitación. «¡Mamá, tengo hambre!». Con voz llorosa, los ojos húmedos y suplicantes, la niña está ya preparada para la escena dramática… Sólo son las 14,30 y hace poco que ha terminado de comer; ha comido más que suficiente y además Giovanna tiene ya unos cuantos kilitos de más… ¡Es el problema de siempre! La madre levanta la cabeza y le dice con una sonrisa: «Sí, Giovanna, acabo en un momento y estoy contigo. ¿Qué estás haciendo?». «¡Nada!», le contesta la niña con cara de aburrimiento. «De acuerdo, ¿qué te parece si empiezas a dibujar algo y dentro de unos minutos yo te ayudo a acabarlo?». «Vale…», contesta Giovanna, sin mucho entusiasmo, pero se va hacia su cuarto.

Al cabo de poco tiempo, la madre se reúne con ella y le llena de elogios; de hecho, Giovanna dibuja muy bien, ¡es lo que mejor le sale! Terminan el dibujo juntas y la madre empieza a inventarse una historia a partir esos dibujos. Giovanna la continua, después la retoma la madre, después la niña... Una larga historia a dos manos...

La niña se lo está pasando bien y la solicitud de algo para comer parece olvidada por el momento; ahora la madre le propone: «Giovanna, ¿vienes a dar una vuelta en bicicleta conmigo?». «¡Sí, claro!». «Pues vamos rápidamente a coger las bicicletas, y así disfrutaremos también del sol...». Y van corriendo a prepararse...

No siempre todo va tan rodado, ni se dispone de tanto tiempo para poder dedicárselo al niño; de todas formas, analicemos los puntos que aparecen esbozados en el ejemplo.

1. La solicitud de comida

Si pensamos que la niña había terminado de comer hacía poco tiempo, **la petición de comida no podía deberse a que la niña tuviera hambre.** Y este es el nudo del problema: Giovanna no come por hambre, sino por otra razón... Pero ¿por qué?

Muchas veces los niños disfrazan otras necesidades que ni siquiera ellos sabrían especificar, bajo la solicitud de comida. Por ejemplo, sensaciones de ansia originadas por otras causas, o incluso, con frecuencia, ¡el **aburrimiento!**

Los niños pasan por una etapa, cuando son muy pequeños, en la que esa sensación indefinida tan desagradable era verdaderamente hambre, y la leche de la madre conseguía hacerla desaparecer, borrando todas las tensiones y dándoles una enorme sensación de satisfacción. **Comer ha sido siempre la primera y la más antigua forma de placer que todos nosotros hemos experimentado,** y a lo largo del tiempo mantenemos en la memoria ese recuerdo, aunque sea sólo en un plano inconsciente. Así que a veces, cuando nos hacemos mayores, **tendemos a recurrir a este viejo, pero** familiar método para intentar resolver tensiones e insatisfacciones originadas por causas totalmente diferentes. Resulta evidente que, dado que la tensión que sentimos no es hambre, la comida no la resuelve en absoluto, pero seguimos comiendo con la esperanza de que aumentando la dosis, ¡aumente su efecto en la misma proporción!

Por ejemplo, Giovanna intenta **llenar con la comida un** «vacío» que viene provocado por la falta de actividad, de estímulos y de intereses: la niña, en realidad, se aburre, y no necesita comida, sino algo que la distraiga...

2. Descubir la verdadera necesidad

La madre le pregunta a Giovanna: «¿Qué haces?», y entonces emerge el verdadero problema claramente; más que con las palabras, con el tono de voz y con el lenguaje corporal.

Es evidente que **la niña no está preparada para reconocer su verdadera necesidad en ese momento;** por eso pide comida. ¡Es precisamente en esta situación que necesita a un adulto! La madre sabe hacer las cuentas, y por lo tanto ve de inmediato que después de una hora de la comida, la auténtica sensación no puede ser realmente hambre.

El primer problema a superar para ayudar a un niño en estas condiciones consiste en que seamos capaces **de reconocer sus verdaderas necesidades.** No siempre resulta fácil, pero en el fondo es lo que llevamos haciendo durante mucho tiempo: cuando el niño era muy pequeño solamente lloraba cuando tenía alguna molestia. Nos correspondía a nosotros saber si tenía hambre o frío, o dolor de tripas, o le estaban saliendo los dientes... y actuar en consecuencia.

A veces sucede que, incluso cuando son mayores, los niños no alcanzan a ser conscientes ellos solos de sus necesidades porque no acaban de tener una buena relación consigo mismos, o porque les cuesta diferenciarlas, o a expresarlas con palabras y encontrar ellos mismos la solución adecuada... ¡Y por esto sucede que, de igual forma que **el recién nacido lloraba por todo, el niño ahora pide comida por todo!**

Esta situación puede volver a presentarse más tarde a lo largo de la vida. Existen adultos que en determinadas situaciones de tensión (o en cualquier otro momento) recurren a la comida para calmar su ansiedad u otras insatisfacciones. Con frecuencia, durante la pubertad o la adolescencia se recurre a la comida para acallar una nueva necesidad totalmente desconocida, y por el momento irreconocible: la aparición del primer deseo sexual. Se trata de un fenómeno muy extendido.

3. Dar respuesta a esa necesidad

En el ejemplo expuesto, la madre va haciendo pruebas. Al descubrir que el problema radica en el hecho de que Giovanna se está aburriendo, le **propone una actividad** que sabe que es la preferida de la niña: dibujar. Y además, se ofrece para hacerlo juntas.

Los niños ven siempre con buenos ojos hacer algo con la madre (si no existen motivos particulares de tensión en su relación). Es verdad que no siempre se dispone del tiempo material, pero cuando es posible, representa una solución muy eficaz a los problemas más diversos: ¡es una especie de panacea universal! La madre también se pone a inventar historias fantásticas, otra actividad con resultados garantizados con un niño…

Cuando no se pueda desarrollar ninguna actividad personalmente con el niño, es aconsejable buscar algo que sea interesante para hacer, mejor si es en compañía de alguien… Quizá tenga amigos, compañeros de escuela con los que pueda organizar algo, o se puede encontrar una actividad extraescolar que le divierta… **Ofrecer estímulos a los niños forma parte de su «alimentación» en un sentido amplio.**

4. Una aportación extra

La madre le propone a Giovanna ir a dar una vuelta en bicicleta, es decir: un ejercicio físico. Un niño no está gordo sólo porque coma demasiado, sino sobre todo porque come más de lo que quema. Por lo tanto, se hace necesario, o bien reducir la cantidad de comida (especialmente todo lo que engorde más, como el pan, la pasta, los dulces, las grasas, etc.; que mira por dónde, es normalmente todo lo que más quieren) o incrementar el ejercicio físico para eliminarla.

Aquí nos encontraremos con un obstáculo: a los niños gordos les cuesta más moverse, y por lo tanto tienen tendencia a hacer el menor ejercicio físico posible, y de esta forma se crea un **círculo vicioso:** cuanto más gordos, menos activos, cuanto menos activos, más engordan...

- Para desbloquear esta situación aparentemente sin salida es conveniente **ofrecerles oportunidades para hacer ejercicio.** Es una operación que no resulta fácil y que requiere mucha paciencia para superar todas sus negativas; pero tarde o temprano, se acaba encontrando alguna actividad física que les guste, y esto ayudará en gran medida a resolver el problema del exceso de grasa.
- También es verdad que **una dieta resulta recomendable,** si el niño sufre de sobrepeso, no tanto reduciendo la cantidad de comida, como modificando su calidad. Esto es, evitando los alimentos que mencionaba antes, que tienen tendencia a «depositarse». No he visto nunca a nadie que estuviera gordo por comer ensaladas...

Y nos encontramos con otro problema: no se puede pretender que un niño «se controle», si el frigorífico está lleno de exquisiteces y la despensa de galletas y mermeladas. Sencillamente, si queremos evitar que coma todo esto, no debe de estar al alcance de su mano. Lo que a su vez **impone restricciones** también para el resto de la familia. Sin embargo, no existe otra solución...

Esta situación se puede considerar temporal; y además, una alimentación «sana», basada en vitaminas y proteínas, con total seguridad tampoco hará ningún daño a los demás miembros de la familia.

El gordo es rechazado

Un niño gordo sabe perfectamente que hay algo en él que no es del todo correcto; ¡y siempre están los compañeros para recordárselo con sus bromas!

Con frecuencia, y **de una forma totalmente involuntaria, los padres empeoran la cosas** con su forma de afrontar el problema. Los gritos, las reacciones de enfado ante sus peticiones de comida, los reproches... le hacen sentirse todavía más abiertamente «no aceptado».

El niño, de hecho, intenta calmar con la comida la ansiedad, el dolor, la insatisfacción que siente hacia sí mismo y su condición, este «sentirse rechazado» que en realidad aumenta su ansiedad y su dolor, ¡que a su vez acaban por acentuar sus demandas de comida! En otras palabras, cuanto más se le recuerde que está gordo, y que eso no está bien, más comida exigirá y más gordo se pondrá. ¡Bonito asunto!

Sin embargo, se puede superar el obstáculo, no hablando directamente de su sobrepeso, y haciéndole sentir que lo queréis y lo aceptáis tal como es, y al mismo tiempo que se dan unos pasos muy concretos para solucionar el problema.

La seguridad y el cuerpo

Una persona no puede estar segura de sí misma si piensa que hay algo que no «va bien».

Esto es verdad tanto a nivel psicológico (cuando se cree que hay algo en el interior, en el carácter o el comportamiento que no es normal), **como a nivel físico** (cuando se cree tener un cuerpo que no es correcto).

La no aceptación del propio cuerpo es siempre un problema, que aumenta dramáticamente durante la pubertad y la adolescencia, cuando casi todos los muchachos pasan por una fase de inseguridad, en la que no se gustan en absoluto a sí mismos.

En ocasiones, el niño puede presentar verdaderos **problemas estéticos,** no una simple cuestión de gordura.

En todos los casos, la única forma de ayudarlo es apoyarle para que **se acepte como es,** aceptándolo vosotros antes que nadie y apreciando al máximo otros valores, incluso físicos, que pueda tener.

Se da también el caso, no del todo infrecuente, de niños que se **«encuentran feos a sí mismos»,** aunque no lo sean en absoluto. Éste es uno de los rasgos de una actitud más general de falta de autoestima. La labor en este caso debe desarrollarse en todos los campos, con el objetivo de ayudar al niño a recuperar su autovaloración desde la base.

En definitiva, **delante de los demás y en las relaciones sociales en general,** si uno se siente guapo, tarde o temprano acabará por ser considerado guapo también por los otros. Y al revés, si uno se siente feo se infravalorará de tal forma que los demás lo considerarán feo también. De nuevo un círculo vicioso, que no se puede romper sin cambiar la propia valoración de uno mismo, la percepción interior. En pocas palabras: la autovaloración tiene una gran influencia sobre el juicio de los demás.

Una autoestima baja, que tantos problemas crea entre los adultos, hasta el punto de tener que recurrir a cursos y a terapias para solventarlos, en un niño, que se encuentra todavía en formación, puede solucionarse rápidamente con una buena intervención de apoyo del entorno y de los padres en particular. ¡Lo cual es una excelente oportunidad!

La seguridad en sí mismo

Un hombre va por la calle canturreando; transmite felicidad por todos los poros, tiene ganas de saltar y bailar: acaba de enterarse de que le ha tocado la lotería.

Una mujer camina con la espalda gacha y los ojos hinchados de llorar: acaba de enterarse que su marido se va con la amante.

Dos reacciones que son fácilmente comprensibles, casi evidentes, pero, ¿son irremediables?

Intentemos imaginar lo que les pasa por la cabeza a estas dos personas en cuestión.

El hombre está pensando en todo lo que hará con ese dinero inesperado. Es una cifra bastante grande.

¡Nada de preocupaciones económicas nunca más! Ahora podrá permitirse esa casa junto al mar que siempre había soñado; quizá se retire y pase el tiempo como mejor le plazca; además podrá también ayudar a los demás... ya se verá.

Por el momento ve su futuro feliz y contento, casi aclamado por sus amigos: ¡es un hombre con mucha suerte!

La mujer no consigue dejar de pensar en todo lo que ha pasado, las palabras de su marido resuenan en su cabeza dolorosamente. Es verdad que la amante del marido es mucho más joven y probablemente mucho más guapa...

Se los imagina a los dos felices y contentos, caminando de la mano, y ella mientras tanto, abandonada como un trasto viejo. Se siente una mujer acabada, humillada, hundida... con un futuro de amarga soledad por delante.

Si lo miramos con detenimiento, lo que está provocando tanta felicidad y tanto sufrimiento al mismo tiempo son sólo pensamientos: en torno a las perspectivas de futuro, a las expectativas y las valoraciones de uno mismo y de la situación en la que se encuentra.

Intentemos ahora imaginar, a título simplemente experimental, una posibilidad diametralmente opuesta...

El señor al que le ha tocado la lotería siempre ha tenido la tendencia a preocuparse. Si hubiera sido por él, ni siquiera habría jugado a la lotería... total, para perder siempre.

Compró aquel billete sólo porque sus compañeros, en un momento de exaltación, lo empujaron; y después llegarán los impuestos y se lo llevarán todo. Él no entiende nada de inversiones y deberá buscar a alguien... con todos los timadores que andan sueltos, que sólo buscan aprovecharse de la gente. Deberá tener mucho cuidado.

Además, todo el mundo se enterará y lo perseguirán. ¡Ya verás cómo los compañeros esperan que comparta el premio con ellos! Pandilla de aprovechados; en definitiva, se le plantean un sin fin de problemas...

Va caminando por la calle con la espalda gacha por el peso de las preocupaciones, con un aire triste.

La señora en cambio siempre ha sido una persona segura de sí misma y satisfecha con su vida. Ahora llega esta noticia... Evidentemente, la relación con el marido debía de estar agotada desde hace tiempo, ¡pero irse con una jovencita y dárselo como un hecho consumado! ¡Qué falta de valentía y cuántas mentiras! Con la edad se ha ido atontando. Si lo pienso bien, es mejor que la cosa acabe rápidamente, sin tantas historias. De esta forma, ella es libre de rehacer su vida y buscar a alguien que la valore como se merece. Una nueva vida, un nuevo amor... ¡una perspectiva interesante! Mira además que buen día hace con tanto sol, y ¡con estos pensamientos en la cabeza ella va andando, como si le acabara de tocar la lotería!

Hipótesis quizá menos probable, pero de todas formas, posible.

En el fondo, se trata sólo de pensamientos, pensamientos diferentes de los anteriores, perspectivas diferentes para el futuro, valoraciones diferentes de la situación actual, que pueden provocar estados de ánimo opuestos.

La fuerza de la costumbre

He puesto estos ejemplos imaginarios muy simplificados y extremos intencionadamente, para mostrar que lo que provoca un estado de ánimo de felicidad o de infelicidad no son tanto los acontecimientos en sí, sino sobre todo, y de forma determinante, la reacción subjetiva frente a estos acontecimientos. Esta reacción se genera a partir de un conjunto determinado de pensamientos y de perspectivas.

Los pensamientos en sí mismos son algo fácilmente modificable. Lo que tienen de más permanente es su carácter de «costumbre»: **la costumbre de pensar de una forma en lugar de otra.** Por ejemplo. La costumbre de subrayar de entrada los posibles aspectos negativos de una situación en lugar de los positivos o la costumbre de captar las facetas de «nuevas oportunidades» en cualquier situación inesperada o aferrarse a las peligrosas.

Esta costumbre de pensar de una determinada forma es tan constante y está tan enraizada en nosotros que ni siquiera nos damos cuenta y se percibe como un hábito más, entendido más como algo estructural, relacionado con nuestra forma de ser, con nuestro carácter, con nuestra naturaleza o quién sabe con qué más.

Sin embargo, se trata solamente de una costumbre, y **como todas las demás costumbres, es adquirida.**

Fue adquirida en periodos remotos, a través de un largo proceso que da forma a una determinada manera de pensar que se construye a partir de miles de experiencias, en las que juega un papel fundamental la influencia de los modelos del ambiente exterior. Por ejemplo, si nuestro entorno original tenía la tendencia a preocuparse de todo y a ver las cosas de una forma mayoritariamente negativa, tendremos muchas posibilidades de haber absorbido esta actitud: se trata de una especie de herencia, en un sentido no genético, sino cultural.

**Y como todos los hábitos,
también éste se puede cambiar.**

En el momento en el que comenzamos a darnos cuenta de que hemos asimilado una manera de pensar que nos perjudica o nos limita, o que por lo menos nos mantiene en un estado de ansiedad y de preocupación crónica, podemos poner en marcha acciones voluntarias para modificarlo.

Seguridad y percepción de uno mismo

Si analizamos las diferentes formas del sufrimiento humano, acabamos siempre por formarnos, tarde o temprano, un juicio negativo sobre nosotros mismos.

A veces parece tratarse, a primera vista, del sufrimiento provocado por acontecimientos exteriores, pero si lo observamos de cerca, veremos que en realidad ese suceso negativo ha producido su efecto devastador en el momento en el que se ha transformado en una autoinculpación, o por lo menos, **en una disminución de la autoestima.**

Volvamos al ejemplo planteado al principio de este capítulo.

- La mujer que ha sido abandonada por su marido para irse con una amante más joven sufría profundamente cuando percibía este hecho como una prueba de que había sido desplazada por otra, y se veía a sí misma con pocos recursos personales para encontrar una salida.

- Desde su forma de ver las cosas, era su autovaloración y la percepción de sus posibles alternativas las que salían peor paradas.

- Pero cuando hemos propuesto una manera de pensar diferente, que no cuestionaba ni la propia estima, ni las posibilidades futuras (sino, que en cambio las anticipaba como mejoras), hemos podido imaginar una reacción emotiva frente al mismo hecho totalmente opuesta.

Lo que hace daño realmente no son los acontecimientos en sí mismos, sino las interpretaciones que hacemos de ellos; estas interpretaciones suelen ser muy subjetivas y están ya predeterminadas por nuestra forma de pensar en general y por la valoración que en el fondo tenemos de nosotros mismos y de nuestras posibilidades.

Los ejemplos podrían ser infinitos: teóricamente todo se puede rebatir, todo se puede ver como una desgracia o como una fortuna, una vez que sabemos que no se trata tanto de hechos como de las interpretaciones que nosotros les damos.

En este juego permanente entre hechos e interpretaciones, se crea una especie de cortocircuito: algunos acontecimientos parecen derrumbar nuestra autoestima, pero si de entrada tenemos una autoestima baja, somos nosotros las que los interpretamos de la forma más desfavorable. Es un perro que se muerde la cola.

Por otra parte, las diferentes interpretaciones de los hechos y los estados de ánimo que ellos nos provocan, determinan a su vez la actitud que tomamos frente a ellos, las acciones que decidimos emprender, y en definitiva, los resultados que se obtienen.

Y de esta forma, el círculo se cierra. Por esquematizar el ejemplo de espiral negativa: uno se siente una nulidad, un auténtico fracaso, se presenta ante los demás con este estado de ánimo y recibe su dosis de rechazo que le confirman completamente sus convicciones: es un fracaso en todos los frentes, y el juego vuelve a empezar...

Convicciones y resultados

**Normalmente se piensa que un adulto basa su autoestima
en los resultados que ha obtenido en la vida,
pero si observamos bien, nos daremos cuenta
de que buena parte de esos resultados han sido
influenciados por las convicciones que el sujeto
se había formado con antelación.**

Y de esta forma empezamos a ir hacia atrás en el tiempo. Un adolescente que está empezando a enfrentarse al mundo puede creer que su autovaloración se va construyendo a partir de los éxitos que obtiene en su entorno: entre los amigos, los compañeros, etc. Pero ¿cuántos de estos éxitos dependen de cómo él mismo se presenta en su entorno? ¿En qué medida dependen de la seguridad con la que él se presenta, del mensaje que transmite a los demás de sí mismo y de sus capacidades?

Un adolescente ya tiene, en gran medida, una idea formada de sí mismo; lo que pase confirmará o rectificará esas convicciones anteriores. Pero ¿cuándo se forman estas convicciones?

**Una cosa es verdad: un niño no nace con las ideas
sobre sí mismo definidas, sino que se las va creando
a través de la interacción con su entorno.
En esas primeras interacciones se crean las bases
de una valoración de sí mismo que influirá
en todo el proceso siguiente.**

Una educación para la seguridad

En este libro he ido definiendo los elementos que contribuyen a potenciar la seguridad en sí mismo en el niño. Intentaré a continuación resumirlos brevemente, integrándolos en una esquema orgánico.

La autoestima

La autoestima es la base de la seguridad en uno mismo, e inicialmente se forma a partir de los juicios que se formulan sobre nosotros, sobre nuestro comportamiento y sobre nuestras capacidades. Por ello es importante acostumbrarse a subrayar las cualidades del niño y sus potencialidades.

Los errores

Para tener autoestima y conservarla a lo largo de la vida, es necesario aprender a integrar las equivocaciones que cometemos, como partes de nuestro aprendizaje, y no como motivos para derrumbarse o infravalorarse. Sobre esto tiene una influencia fundamental la forma en la que los padres reaccionan frente a los errores de sus hijos (que por otra parte es normalmente la misma con la que afrontan los propios).

El perfeccionismo

Una valoración excesivamente severa de los errores del niño provoca también el miedo a equivocarse, ligado con frecuencia a un exceso de perfeccionismo, que resulta paralizante. Si el niño (y más tarde el adulto) no toma iniciativas por miedo al fracaso, está limitando sus experiencias y por lo tanto el desarrollo de su capacidad.

Las dotes naturales

Cada uno de nosotros tiene unos talentos naturales específicos. Aprender a descubrirlos y a cultivarlos incrementa enormemente el sentimiento de capacidad y de valor del niño.

Un mundo seguro

Para sentirse seguro un individuo necesita también tener la sensación de encontrarse en un ambiente que le ofrece oportunidades creativas y positivas, que le plantea problemas que pueda resolver y superar. De ahí la necesidad de transmitir al niño una percepción tranquilizadora del mundo, y de ayudarlo a ver las posibilidades que éste le ofrece, de forma que pueda relacionarse con su entorno con confianza, sin que esto conlleve ocultar los peligros reales que existan.

Superar los problemas específicos

A veces los niños presentan problemas específicos como la timidez, la torpeza, la obesidad, el rechazo de su propio físico, etc. Es importante para los padres intentar entender las motivaciones de fondo de estos trastornos, para poder ayudar al niño a superarlos. El primer paso es aceptar al niño tal como es, para que a su vez, él pueda aceptarse a sí mismo también.

El hijo ideal

Todo el mundo desearía que sus hijos fueran guapos, inteligentes, simpáticos, etc.; a veces se espera mucho, y a veces se desea que crezcan según nuestros modelos, o que desarrollen alguna habilidad que nosotros percibimos como particularmente recomendable. El niño, por su propia naturaleza, no siempre responde a nuestros ideales. Es importante considerar al niño, incluso cuando es pequeño, como un individuo en sí mismo, con sus propias características, y respetarlo.

Unos padres felizmente imperfectos

Hay un último punto a añadir: todos somos seres humanos y por lo tanto imperfectos. Nos equivocamos, y lo hacemos continuamente, también como padres. Es inevitable. Aceptar con alegría que somos felizmente imperfectos es una bendición, tanto para los padres como para el niño.

Bibliografía

GÜRTLER, H.: *Los niños necesitan reglas,* Ed. Medici, 2000.

LOWEN, A.: *El lenguaje del cuerpo,* Herder, 1998.

PREKOP, C.: *El pequeño tirano,* Herder, 1991.

WYCKOFF, B. C. y UNELL, B. C.: *Educar con mucha paciencia,* Ed. Alfaguara, 2002.

Acerca de la autora

Paola Santagostino, psicóloga y psicoterapeuta es autora de numerosos artículos y escritos sobre trastornos psicosomáticos.

De una manera específica se ha interesado por los cuentos, tanto como una forma de terapia, como una herramienta para el conocimiento y la evolución personal, o como una técnica para solucionar problemas en las empresas.

Organiza cursos y seminarios de formación sobre los métodos para crear cuentos. Ha publicado en esta misma editorial el libro *Cómo contar un cuento*.

En la actualidad colabora con la revista "Tutto" como experta en problemas de la adolescencia.

Vive y trabaja en Milán.

Índice